LA CONSTRUCCIÓN DE LA UNIÓN EUROPEA

UN LARGO Y COMPLEJO PROCESO

EDUARDO MONTAGUT

www.construccion-union-europea.guiaburros.es

EDITATUM

Diseño de cubierta: © Marta Villarín (EDITATUM)

Maquetación de interior: © EDITATUM

Primera edición: mayo de 2024
Segunda edición: junio de 2024

ISBN: 978-84-19731-71-5
Depósito Legal: M-10813-2024

IMPRESO EN ESPAÑA/ PRINTED IN SPAIN

Te invitamos a registrar la compra de tu libro o *e-book* dándote de alta en el **Club GuíaBurros,** obtendrás directamente un cupón de **2 € de descuento** para tu próxima compra.

Además, si después de leer este libro lo has considerado útil e interesante, te agradeceríamos que hicieras sobre él una **reseña honesta en cualquier plataforma de opinión** y nos enviaras un *e-mail* a **opiniones@guiaburros.es** para poder, desde la editorial, enviarte **como regalo otro libro de nuestra colección.**

Sobre el autor

 **Eduardo Montagut** nació en Madrid en 1965, licenciándose en Historia Moderna y Contemporánea por la UAM en el año 1988, con premio extraordinario. En la misma Universidad alcanzaría el doctorado en 1996 con una tesis sobre "Los alguaciles de Casa y Corte en el Madrid del Antiguo Régimen, un estudio social del poder". Por otro lado, el autor emprende estudios de la época ilustrada a través de la Real Sociedad Económica Matritense y la Real Sociedad Bascongada de Amigos del País sobre cuestiones de enseñanza, agricultura, montes y plantíos. En 1996 comienza su carrera de docente en Educación Secundaria en la Comunidad de Madrid.

Con el nuevo siglo, Eduardo Montagut inicia una intensa actividad en medios digitales y escritos con publicaciones de divulgación e investigación históricas, política y de memoria histórica, siendo autor de libros como *GuíaBurros: Del Abrazo de Vergara al bando de guerra de Franco; GuíaBurros: Episodios que cambiaron la Historia de España; GuíaBurros: La España del siglo XVIII; GuíaBurros: Historia del socialismo español; GuíaBurros: El tiempo de las revoluciones; GuíaBurros: El Antiguo Régimen, GuíaBurros: El Republicanismo en España, GuíaBurros: Europa en su cenit; Guíaburros: Diccionario de Historia Contemporánea; GuíaBurros: El libro de la Gran Guerra; GuíaBurros: Las Constituciones en España; GuíaBurros: Las relaciones Iglesia-Estado en España; GuíaBurros: La organización territorial de España* y *GuíaBurros: Los liberales en España.*

Agradecimientos

*Este libro está dedicado a la memoria de Aristide Briand,
Robert Schuman, Altiero Spinelli, Jean Monnet, Simone Veil,
Walter Hallstein, Úrsula Hirschamann, Melina Mercouri,
Paul-Henri Spaak, Guy Mollet, Nilde Lotti, François
Mitterrand, Helmut Kohl, Jacques Delors, y Manuel Marín,
entre otros personajes clave que siempre creyeron en una
Europa unida.*

Índice

Introducción

Este libro pretende ser un manual de la Historia del proceso de integración europea, empezando con sus antecedentes más o menos lejanos, para luego intentar plantear las claves del proceso de integración europea que culminaría con la Unión Europea, así como, su desarrollo hasta nuestro siglo, pero sin olvidar tampoco a otras organizaciones, especialmente el Consejo de Europa, ya que, nos interesan todos los mecanismos institucionales que han pretendido y pretenden la construcción de Europa.

La creación de la CEE, luego transformada en la Unión Europea, constituye uno de los procesos históricos más sobresalientes de la Historia contemporánea porque ha supuesto la superación de muchos problemas y antagonismos del pasado en un continente siempre enfrentando a sí mismo, núcleo, además, de conflagraciones que superaron su marco geográfico para convertirse en conflictos mundiales. Es importante destacar este aspecto porque entre los europeos del presente puede cundir la idea de que la Unión Europea es consustancial al espíritu europeo, pero no es así, ya que su construcción y desarrollo ha tenido que ser un ejercicio de voluntad, de trabajo y de compromiso para no volver a las antiguas rivalidades que terminaban en sangre y desolación, llegando al convencimiento de que era mucho mejor caminar juntos, cooperando, intercambiando bienes, servicios, saberes, formas de vida, en fin, conviviendo sin que las fronteras nacionales fueran un obstáculo para desarrollarse en todos los aspectos. Pero, además, en un tiempo de crecimiento del euroescepticismo bucear en la Historia puede convertirse en un antídoto contra ideas que se sustentan en medias verdades o en interpretaciones muy sesgadas y populistas sobre un supuesto poder incontrolable proveniente de Bruselas y sus instituciones.

Por fin, para nuestro país la integración europea ha sido una de las aspiraciones más intensas de quienes siempre vieron en Europa durante el pasado siglo un factor clave para el desarrollo general de España porque este país habría sido siempre, a pesar de los pesares, intensamente europeo. Por eso el libro termina con un capítulo sobre la Historia de la integración española.

¿Qué es Europa?

Si queremos estudiar la integración europea habría que intentar definir qué es Europa. El primer problema que nos encontramos estaría en los propios documentos constitutivos de la Unión Europea porque no aparece una definición. Así no estaría en el Tratado de la Unión de Europa, que se firmó en Maastricht en 1992, aunque, al parecer, se intentó.

Tradicionalmente, se considera que Europa sería una enorme península de Asia, por lo que, en realidad, no podría considerarse como un continente como el resto, sino como un subcontinente. Su límite oriental estaría en los Montes Urales, aunque esto, en realidad, es una convención que, como tal, empleamos con fines operativos. Otra cuestión que dificulta la definición de Europa es su división entre Occidente y el Este, con grandes diferencias políticas, económicas y socioculturales históricas. Además, algunos de los Estados miembros de Europa han vivido grandes debates sobre su condición de europeos, siendo el caso español paradigmático, tanto en la época ilustrada con ese cuestionamiento desde ámbitos ilustrados foráneos, como, sobre todo, en el cambio entre los siglos XIX y XX, ya en clave interna, cuando el regeneracionismo cuestionó la condición europea de España, aunque, en compensación se abogaba por realizar un ingente esfuerzo para que se incorporara al continente.

Europa, en fin, vendría a ser más que una realidad geográfica, una especie de entidad de signo cultural que se habría conformado históricamente.

Europa comenzó a tener una dimensión más allá de sus límites geográficos con el inicio de la Edad Moderna, especialmente en América, para luego, con la época contemporánea convertirse en el continente, o al menos de su parte occidental, que pasó a ejercer un evidente dominio político, económico y cultural sobre casi todo el mundo. Después las dos Guerras Mundiales y sus consecuencias destructivas desplazaron el poder fuera de la misma por el lado occidental, pero también por su límite oriental. En todo caso, sigue siendo un espacio de enorme influencia en el mundo. La propia existencia de la Unión Europea demuestra la permanencia de ese peso, a pesar de la fuerza y emergencia de nuevos focos de poder en otros continentes.

Los antecedentes

En las Edades Media y Moderna aparecieron algunas ideas que pretendían más que conseguir una integración organizativa europea, el que la paz pudiera reinar entre los Estados y los pueblos del continente. Deben ser tenidas en cuenta porque, en realidad, la integración en la segunda mitad del siglo xx buscaría, además de un conjunto de objetivos de tipo político, económico, social, y cultural, la paz en una Europa tan enfrentada entre sí, y que acababa de salir de la Segunda Guerra Mundial.

En el siglo xix asistimos al inicio más inmediato de ideas, proyectos y realizaciones en relación con la necesidad de coordinar esfuerzos de los Estados, en una tendencia superadora de los límites fronterizos.

En los inicios de dicha centuria, en la denominada época de la Restauración, estaríamos hablando, de la organización de los Congresos, resultado de lo acordado en el Congreso de Viena, de la Santa Alianza y de la Cuádruple Alianza, con el fin de mantener el equilibrio en el continente, eso sí, sobre premisas basadas en el mantenimiento de la alianza del Trono y la religión, del absolutismo y de la tradición, pero, sin lugar a dudas, constituyeron un precedente organizativo europeo evidente.

El Zollverein, en el marco alemán, plantea una primera unión económica, como paso previo a la política. Bien es cierto que se ajustó al espacio alemán, pero abarcó a un conjunto considerable de población en el centro europeo, y no podemos dejar de estudiarlo como otro precedente lejano del proceso de integración europea.

Mientras se desarrollaron estos esfuerzos organizativos, en el seno de la intelectualidad europea surgirían voces, más modernas, y que seguramente, conectarían más con el espíritu posterior, sobre la necesidad de la colaboración efectiva de los Estados, y desde una posición más favorable a principios democráticos y en favor de los pueblos, como estudiaremos a través de Mazzini y Víctor Hugo, además de otros autores menos conocidos. Por esas razones tienen mucha más importancia que los esfuerzos organizativos citados. Pretendieron ir más allá de los triunfantes nacionalismos.

Terminamos el capítulo del siglo XIX con el inicio del primer esfuerzo en favor de la paz a través de una organización de justicia, la Corte Permanente de Arbitraje de La Haya.

Precedentes lejanos

En cierta medida, podemos considerar que sería en la Edad Media cuando cristalizaría una idea de Europa. En la misma comenzaron a surgir, además, ideas que buscaban la integración, aunque ninguna se llevaría a cabo, realmente, pero tienen su interés porque nos permiten ver ya en épocas tan lejanas como se pensaba en la superación de conflictos y en la necesidad de coordinar esfuerzos.

En 1306, el francés Pierre Dubois abogó por la creación de una especie de República Cristiana, a modo de asamblea de los príncipes con el fin de arbitrar sobre los conflictos que surgieran. Es evidente que no estaríamos hablando de una organización supranacional en una época donde eso era impensable, simplemente por el anacronismo del concepto, sino de la defensa del universalismo cristiano frente a los intereses particularistas de Reinos y Estados. El mérito de este tratadista francés residiría en la idea de que había que establecer algunos mecanismos organizativos en favor de la paz, una idea que llegaría hasta el proceso ya claro de integración europea en el siglo xx. Muchos años después de Dubois, el gran humanista Erasmo de Rotterdam retomó la idea de Dubois.

Pero antes, en el siglo xv y en la corte bohemia, encontramos un proyecto sugerente. El rey de Bohemia, Jorge de Podiebrad, ha pasado a la Historia tanto por ser el primer príncipe europeo que rechazó el catolicismo por la versión moderada de las ideas de Jan Hus, como también por abogar por una Europa Unida. Consciente, por su cercanía geográfica, del avance turco en la segunda mitad del siglo xv después de la caída de Constantinopla, propuso crear una suerte de confederación europea conocida con el nombre de *Universitas,* con un fin defensivo.

La idea vertebradora sería la religiosa, en torno al cristianismo. Pero también se ha interpretado que su idea integradora tenía que ver con su deseo de ocupar un lugar en Europa, ya que su Reino era muy pequeño frente al Sacro Imperio Romano Germánico. Era una manera de obtener reconocimiento y de intentar que no fuera atacado. No tuvo ningún éxito entre las distintas Monarquías, porque, además, Roma lo acusó de hereje.

En el siglo XVII se perfiló más la idea de la paz, especialmente a través del *Gran Proyecto* de Sully, fundamental ministro de Enrique IV que, aunque iba encaminado a combatir la hegemonía española y el poder otomano a través de una alianza en sentido estratégico, pretendía conseguir una paz permanente.

El Siglo de las Luces no podía dejar de insistir en la paz. Al comenzar la centuria, en 1716, apareció el *Proyecto de Paz Perpetua* del abate de Saint Pierre, es decir, Carlos-Irene de Castel. Posteriormente, en 1728 publicó un resumen dirigido a Luis XV, basándose en los Tratados de Utrecht.

También Rousseau y Voltaire se preocuparon por la paz, y hasta Necker teorizó de forma muy moderna sobre las relaciones económicas de los conflictos y de la paz.

Por fin, Kant escribió una obra fundamental, *Sobre la Paz Perpetua* (1795), eso sí abarcando el mundo entero. En todo caso, sus planteamientos no dejaron de influir posteriormente. Kant hablaba, en primer lugar, de unos "artículos preliminares" para alcanzar la paz de forma casi inmediata, y que pasaban porque ningún tratado de paz debía contener clausulas sobre la posibilidad de guerras futuras, que ningún Estado pudiera ser cedido por ningún medio, que no hubiera ejércitos permanentes, que la deuda nacional contraída no pudiera generar conflictos, que ningún Estado pudiera inmiscuirse por fuerza en la vida política interna de otro Estado, y que en caso de guerra ningún contendiente pudiese usar medios, que podríamos definir como muy duros, que hicieran imposible la confianza mutua en una paz futura.

Las condiciones para la paz entre los pueblos se establecerían a través de los "tres acuerdos definitivos": la constitución de todos los estados debía ser republicana, la ley de las naciones tenía que estar fundada en una federación de estados libres, y la ley de la ciudadanía mundial debía estar limitada a condiciones de una hospitalidad universal. Posteriormente, amplió estas cuestiones con dos suplementos y dos apéndices.

La Europa de los Congresos

Aunque el Congreso de Viena, la Santa Alianza, la Cuádruple Alianza y los Congresos que se fueron celebrando en la Europa de la Restauración obedecían a principios exclusivamente políticos y vinculados al mantenimiento de un orden internacional basado en la alianza entre el Altar y el Trono frente al liberalismo y al naciente nacionalismo, no podemos negar que supusieron el primer intento de institucionalizar relaciones internacionales en Europa de forma estable a través de un mínimo organizativo.

En la época de la Restauración se remodeló el mapa de Europa que había cambiado con la Revolución francesa y el Imperio napoleónico. Esta reordenación se desarrolló en el Congreso de Viena (1814-1815). Las potencias aliadas —Gran Bretaña, Rusia, Austria y Prusia— marcaron los principios y tomaron las decisiones en dicho Congreso, organizado por el príncipe de Metternich, canciller de Austria. En las sesiones del Congreso también estuvo presente Francia. El mapa de Europa se organizó bajo cuatro principios fundamentales.

En primer lugar, estaría el principio de legitimidad frente al principio de soberanía nacional. El origen del poder era divino y los monarcas legítimos derrocados por Napoleón debían ser entronizados de nuevo.

El segundo principio sería el del equilibrio. Las fronteras de los Estados europeos debían establecerse respetando los derechos históricos de sus gobernantes, sin tener en cuenta los derechos de los pueblos. Se pretendía el equilibrio en el concierto europeo, intentando contener a las dos grandes potencias territoriales europeas —Francia y Rusia—, fortaleciendo a los países vecinos. Gran Bretaña estaba muy interesada en la aplicación de este principio, ya que no deseaba la existencia de ninguna potencia europea continental demasiado fuerte. Por su parte, Austria pensaba seguir ejerciendo influencia sobre los estados alemanes y el norte de Italia.

En tercer lugar, habría que citar el principio de responsabilidad internacional de las grandes potencias, a las que sumó la Francia de la Restauración, para mantener la paz y la seguridad colectivas. La estabilidad de los regímenes políticos restaurados equivaldría a la estabilidad de las fronteras y a la ausencia de conflictos. Como la Revolución Francesa había traído consigo unos veinte años de conflictos, habría que impedir que estallaran otras revoluciones.

Y por fin, el principio de intervención, que era consecuencia del anterior. En caso de que estallara una revolución en algún país habría que intervenir para sofocarla con el fin de garantizar la estabilidad y el equilibrio.

Los conflictos entre las grandes potencias y las decisiones sobre la intervención en aquellos países en los que se desposeyera a los monarcas de sus prerrogativas debían estudiarse y tratarse en Congresos. Este principio abogaba por evitar, especialmente en relación con los problemas entre las principales potencias, que se desencadenasen guerras, habida cuenta de la experiencia previa de casi veinte años de conflictos.

El Zollverein

El Zollverein o Unión Aduanera de los Estados alemanes fue una organización fundamental en la Historia económica no solo de Alemania, sino de Europa porque, en realidad, podemos considerar que fue especie de primer mercado común en el corazón del continente, además de constituir un factor clave en el proceso de unificación política posterior, por lo que, por ambas razones, y a pesar de la distancia temporal supone, a nuestro entender, un precedente a considerar.

La creación de un mercado de libre comercio entre los Estados alemanes comenzó a fraguarse al terminar las Guerras Napoleónicas. En 1819, la Asociación Comercial Alemana reclamó la necesidad de que dicho mercado se constituyera. Por su parte, el principal economista alemán de la época, Friedrich List, denunció la existencia de hasta treinta y ocho aduanas interiores, y que para comerciar en el interior de Alemania había que conocer y estudiar distintos reglamentos aduaneros y afrontar una infinidad de derechos de pago. Defendía, en consecuencia, la necesidad de que se unificaran los aranceles para toda Alemania con el fin de proteger su naciente industria frente a la Inglaterra, que inundaba los mercados europeos con sus productos, que eran elaborados por una industria muy moderna, en plena expansión de su Revolución Industrial, y a precios con los que no se podía competir.

Los primeros que comenzaron a tener en cuenta estas ideas y ponerlas en práctica fueron los prusianos. Ya en 1818 unificaron su política arancelaria para todos los territorios que consiguieron en el Congreso de Viena. Recordemos que tenían posesiones en el este y en el oeste, separadas por otros Estados. En la década de los veinte intentaron convencer al resto de Estados alemanes para unificar criterios económicos, pero no tuvieron éxito. A finales de dicha década la situación económica alemana era compleja. La Confederación Germánica contaba con tres grandes áreas arancelarias, sin contar la situación especial de Austria. El área más importante era la que tenía como núcleo central a Prusia. En su interior estaban sus territorios orientales, con un claro predominio de las explotaciones agrícolas latifundistas controladas por la nobleza de los *junkers* y el mantenimiento de la servidumbre entre el campesinado. Pero, por otro lado, sus territorios occidentales eran muy distintos. La estructura agraria no era latifundista y, sobre todo, comenzaba el despegue industrial, además de contar con una mentalidad más moderna, más burguesa, por su vecindad con Francia.

Los Estados del sur alemán estaban en la órbita del reino bávaro con su propia unión aduanera y económica. Los Estados del noroeste y centro de Alemania no llegaron a conseguir formar una unión aduanera y económica plena. Por fin, había otros Estados alemanes pequeños que no estaban integrados en ninguna unidad o estaban vinculados a otras áreas económicas.

A principios de la década de los años treinta se habían tejido ya muchos compromisos y acuerdos entre las áreas económicas y este hecho facilitó que en enero de 1834 naciera oficialmente el Zollverein. La Unión Aduanera y Arancelaria incluía a veinticinco Estados con un total de veintiséis millones de habitantes. Se decretó la libertad de comercio en su interior, al quedar abolidas las aduanas interiores. Aun así, quedaron fuera Estados como Baden, Holstein o las ciudades libres de Bremen y Hamburgo. Este caso era importante porque el Zollverein no tenía salida al mar del Norte. Toda esta zona, incluyendo las ciudades hanseáticas, prefirió seguir vinculada comercialmente a Gran Bretaña.

El primer efecto positivo para la economía de los Estados alemanes pertenecientes al Zollverein se vio en sus arcas públicas porque el gasto de mantenimiento de las fronteras se redujo de forma considerable.

La unión arancelaria no se vio acompañada por la adopción de una política económica común. Los Estados siguieron políticas económicas autónomas. No se consiguió tampoco una plena unificación monetaria. A lo sumo se estableció una paridad entre el tálero prusiano y una moneda creada para el Zollverein, el florín. Solamente la unificación posterior conseguiría con el tiempo el establecimiento de una moneda común, el marco.

El principal beneficio económico del Zollverein fue que creó un mercado de grandes dimensiones por el número de habitantes. Ese hecho facilitó la inversión en la actividad industrial y la creación de una extensa red ferroviaria. En todo caso, crear lazos económicos facilitaría establecer otros de signo político.

Fuera de todos estos procesos económicos se quedó Austria, que siempre tuvo lazos económicos muy fuertes no solo con el resto de Estados alemanes sino, sobre todo, con sus posesiones territoriales orientales y en la zona balcánica. Austria contratacó con la Unidad Tributaria, pero nunca pudo ser una competencia seria al Zollverein.

Los austriacos siempre miraron con mucho recelo y se enfrentaron a cualquier iniciativa que tuviera a los prusianos como protagonistas Sin lugar a dudas, que Austria se quedara fuera del Zollverein facilitó que, al final, prosperase el proyecto unificador político dirigido por Prusia.

Ideas pioneras en el siglo XIX

En el siglo XIX, tan destacado por el triunfo del nacionalismo, ya comenzaron a fraguarse algunas ideas sobre la necesidad de que los Estados europeos debían unirse para evitar conflictos. El gran nacionalista liberal y demócrata italiano Mazzini no solo buscó con ahínco la unidad italiana sino que demostró, a la vez, una fe europeísta poco igualada en su época.

El político italiano escribió en el verano de 1846 una serie de artículos, destacando el último de ellos porque intentó aplicar su defensa de la democracia a la política internacional. La idea pasaba por la asociación de los países para buscar la paz, y que los pueblos, siendo libres e iguales, debían ayudarse mutuamente.

Mazzini no creía que la unificación italiana se pudiera desvincular de la necesidad del triunfo de las libertades para otras nacionalidades oprimidas. Como es sabido, fue un declarado enemigo de la Europa dominada por las potencias absolutistas según el modelo de la Restauración, establecido en el Congreso de Viena y en la Europa de los Congresos. En contraposición, debía formarse una Europa de naciones libres. Así pues, no le bastaba con su *Joven Italia*, sino que había que crear la *Joven Europa*, para difundir las ideas nacionalistas liberales y hasta democráticas, y con el fin de coordinar los esfuerzos. Por ello mismo su organización fue perseguida, fracasando. Pero, aunque esto fue asumido por el propio Mazzini también es cierto que consideraba que las ideas no estaban muertas. La lucha por las independencias nacionales debía desembocar en la creación de una futura unión donde las naciones colaborarían para asegurar la paz, el triunfo del derecho y la justicia, además de para el intercambio de ideas y conocimientos, sin olvidar la dimensión económica de esa especie de unión.

Las naciones europeas que formarían dicha unión serían fraternas entre sí, libres e iguales con el fin de constituir una Alianza republicana de los Pueblos.

Las ideas de Mazzini terminarían con el tiempo ejerciendo una clara influencia no solo en la difusión de la democracia, sino también como inspiración de la integración europea. En este sentido, resulta significativo que el destacado político italiano, Giovanni Spadolini, llegara a afirmar en el Congreso de la Joven Europa, que tuvo lugar en Suiza en 1984, que esta organización había marcado el inicio del proceso de integración europea.

Víctor Hugo, por su parte, fue un convencido de la integración europea en pleno siglo XIX. El escritor pronunció un decisivo discurso en el Congreso Internacional de la Paz, celebrado en París en el año 1849, donde expresó que llegaría un día en que se podrían ver dos grandes grupos, los Estados Unidos de América y los Estados Unidos de Europa, pero no enfrentados entre sí, sino intercambiando sus productos, y en colaboración para el bienestar general.

En realidad, esta idea ya había sido formulada por George Washington en una carta enviada en 1790 a Lafayette. El presidente norteamericano hablaba de unos Estados Unidos de Europa, organizados democráticamente y según el modelo norteamericano.

El discurso de Víctor Hugo debió ser memorable, porque habló de la paz, de que un día la guerra llegaría a parecer absurda, y sería imposible entre París y Londres, entre San Petersburgo y Berlín, entre Viena y Turín, como en ese momento ya era absurda entre Ruan y Amiens, o entre Boston y Filadelfia, es decir, entre dos ciudades del mismo país.

Vaticinaba que llegaría el día en el que las naciones del continente, sin perder sus individualidades, se fundirían en una unidad superior para construir una fraternidad europea, como ocurría, por ejemplo, con las provincias de Francia entre sí. En ese día no habría más campos de batalla, los mercados se abrirían al comercio y los espíritus a las ideas. Llegaría un día en el que las balas y las bombas serían reemplazadas por los votos, por el sufragio universal de los pueblos, por el arbitraje de un gran Senado soberano que sería en Europa lo que era el Parlamento en Inglaterra, la Dieta en Alemania o la Asamblea Legislativa en Francia. En ese futuro el cañón se mostraría en los museos.

Terminó con una exhortación para que franceses, ingleses, belgas, íberos, rusos, eslavos, en fin, los europeos se amasen.

A pesar de ser menos conocida, la figura del creador de un falansterio en Guisa en 1877, Jean-Baptiste André Godin (1817-1888), nos parece fundamental. Conocemos su figura y sus pensamientos gracias al libro de Édouard Herriot, *Los Estados Unidos de Europa,* del año 1930.

Godin escribió un libro clave en el ámbito que aquí nos interesa, *El Gobierno, lo que ha sido, lo que debe ser, y el verdadero socialismo en acción* (1883), donde dedicó un capítulo a la paz. La sociedad debía combatir la guerra, colocando a los pueblos bajo la protección de la justicia y la razón. Y para ello, los gobiernos debían federarse para alcanzar este objetivo. Godin quería la creación de una especie de República Universal, aunque como paso previo estaría la federación de los pueblos. Hacía un llamamiento a los hombres de Estado para acelerar el proceso de la organización de la paz con un Congreso permanente de los Estados europeos, generador de un nuevo derecho internacional. Pero Godin iba más allá, ya que pretendía la libertad de circulación y de los cambios, así como, la reducción de las fronteras nacionales. El Congreso tendría hasta un plan de trabajo basado en cinco puntos: abolición de la guerra, organización de la paz, desarme europeo, arbitraje internacional, y federación para la ejecución de los arbitrajes. Por fin, la Federación europea debía tener un carácter permanente, con reuniones periódicas y sucesivas en las capitales de los Estados federados.

Pero Godin fue mucho más lejos, demostrando que muchas de sus ideas han inspirado distintos principios y realidades de la integración económica europea en el siglo xx. En su proyecto se preocupó mucho de los peajes y las aduanas, siendo muy severo con ellos por ser perjudiciales para los consumidores.

Primeras instituciones internacionales en Europa

La primera institución internacional con sede fue la Corte o Tribunal Permanente de Arbitraje, creado en 1899. Este Tribunal fue el resultado de la primera Conferencia de la Paz de La Haya del año 1898, habiendo otra que se celebraría en 1907.

En la primera Conferencia se tomó en consideración los trabajos sobre el Proyecto de Declaración concerniente a las Leyes y Costumbres de la Guerra, que fue un acuerdo alcanzado en la Conferencia de Bruselas de agosto de 1874, por iniciativa del zar Alejandro II de Rusia, y donde participaron quince países europeos. La Conferencia aprobaría la propuesta del zar, aunque con algunas modificaciones. Se avanzó mucho para intentar "civilizar" un poco la guerra, aunque quedaron pendientes algunas cuestiones relativas a los civiles armados en guerra.

Pues bien, de nuevo un monarca ruso convocaría la siguiente reunión. El zar Nicolás II a través del conde Muraviov, destacado diplomático ruso, llamó de nuevo a los

Estados, aunque ahora se superaría el marco europeo porque participaron también los Estados Unidos, México, Persia y China. En la reunión se trabajó con la conocida "Circular de Muraviov".

En dicha reunión salió la creación de un tribunal de arbitraje para resolver los conflictos que afectasen a estados, pero también a otras partes, entidades e individuos. El principal problema de la Corte era que no contaba con medios para hacer cumplir sus resoluciones, especialmente cuando los contenciosos afectaban a grandes potencias. En todo caso, fue un organismo muy importante, el primero de rango supranacional que se creó y que se ha ido transformando en el tiempo. En la siguiente Conferencia de Paz de la Haya se adoptó la Convención de 1907 para la resolución pacífica de los problemas internacionales, intentando perfeccionar el acuerdo anterior de 1899. El Tribunal se desarrolló claramente a partir del final de la Segunda Guerra Mundial.

Los proyectos de la época de entreguerras

La finalización de la Gran Guerra fue un momento propicio, dada la terrible experiencia bélica, para que comenzaran a germinar proyectos e ideas sobre la unificación europea, a pesar de que el Tratado de Versalles, en realidad, no ayudara mucho a plantear reconciliaciones. En todo caso, en la Europa de la Sociedad de Naciones sí hubo políticos y sectores de opinión que abogaron por superar los enconos del pasado.

En este complejo período histórico que derivó en una exaltación del totalitarismo, el nacionalismo y las agresiones bélicas, nos centraremos en el proyecto de Coudenhove-Kalergi, las ideas de Aristide Briand y el federalismo de Altiero Spinelli, sin olvidar las contribuciones de otros políticos e intelectuales.

Organizaciones internacionales

En esta época de entreguerras proliferaron las organizaciones internacionales, que englobaban a distintos partidos. Aunque muchas de esas organizaciones internacionales superaban el marco geográfico europeo, no debe olvidarse que en su seno el protagonismo siempre fue de los europeos, y en ese contexto surgieron opiniones favorables a una coordinación europea más allá de la cooperación de partidos. En primer lugar, los socialistas, después del fracaso de la Segunda Internacional y del terremoto que supuso la irrupción del comunismo y la III Internacional, recompusieron el internacionalismo a través de la Internacional Obrera y Socialista, fundada en el año 1923, y que fusionó a los miembros de la Segunda Internacional y de la unión de Partidos Socialistas para la Acción Internacional. Su secretario general fue el austriaco Friedrich Adler. En el mismo universo socialista se desarrolló la Federación Sindical Internacional, conocida como la Internacional de Ámsterdam, que había nacido, realmente, antes, en 1901.

En otros ámbitos ideológicos, es fundamental, citar el caso del político radical francés Emil Boret, y que había estado en la fundación de la Internacional Radical, que fundó en el año 1927 el Comité Francés de Cooperación Europea, que fue imitado en otros países.

Sin negar la importancia organizativa de la Sociedad de Naciones, y de las organizaciones vinculadas a la misma, en el marco estrictamente europeo después de la Gran Guerra en el período de distensión internacional de los años veinte, después de las tensiones posbélicas, comenzaron algunos pasos en favor de la integración en lo institucional. Seguramente, el más importante se produciría en el año 1926, cuando se fundó la Unión Económica y Aduanera Europea. Aunque es evidente que se creó con este fin económico concreto, también es cierto que flotaba en la Unión un espíritu que intentaba ir más allá. Uno de sus fundadores, Gastón Riu, escribió un libro titulado *Europa, mi patria,* donde explicaba que la nueva organización intentó fomentar la idea de Europa mediante la elaboración de estudios económicos.

Ideas en favor de Europa

Entre los economistas, intelectuales y políticos europeos fue creciendo a partir de los años veinte la idea de la necesidad de la integración europea. Hemos visto la importancia de la economía en este proceso, y en este sentido, el propio John Maynard Keynes se mostró favorable a la unión de esfuerzos. Por su parte, el politólogo, y también economista francés Bertrand de Jouvenel planteó que para superar los graves problemas de la posguerra había armonizar los intereses nacionales. Era el único camino para conseguir la prosperidad común.

En el ámbito más puramente intelectual no podemos dejar de aludir a José Ortega y Gasset que planteó que la unidad europea no era una fantasía, sino algo real.

En política, el griego Venizelos planteó el apoyo griego a que los Estados Unidos de Europa podían representar, incluso sin contar con Rusia, una potencia lo suficientemente poderosa para hace avanzar la prosperidad también en otros continentes, una idea que, en cierta medida, después la Unión Europea reconocería.

En 1926, el político francés Louis Loucheur, muy vinculado a la gestión económica en su país, sacó un libro sobre el problema de la cooperación económica internacional. Analizó las raíces de los problemas económicos de su tiempo y defendió unos Estados Unidos de Europa económicos. Planteó que había que coordinar la producción, por ejemplo, del carbón a través de una comisión central, algo sumamente interesante por considerarse un precedente, en cierta medida, de la posterior CECA. Pero también se preocupó de la industria del automóvil y de la del acero.

En 1930, M. Callaiux, respondiendo a una encuesta abierta en *Le Capital,* abogó por la creación de un gran mercado europeo, defendiendo a los panaeuropeos. Consideraba que el proteccionismo era un peligro, nacido al comenzar la década de los ochenta del siglo anterior.

Por su parte, M. Barthelemy, apoyó desde la prensa, en *El Petit Journal,* en septiembre el proyecto de Briand, que estudiaremos más adelante.

Para terminar, y en Francia, donde se estaban dando tantas ideas en favor de la integración europea, destacaría, después del proyecto de Briand, la figura de Édouard Herriot, fundamental político del radicalismo de izquierda en Francia, que fue tanto primer ministro como ministro de Asuntos Exteriores, gracias a un libro titulado *Los Estados Unidos de Europa,* ya citado anteriormente.

El proyecto Coudenhove-Kalergi

El político austriaco Richard Coudenhove-Kalergi (1894-1972) constituye una de las figuras claves en la Historia de los antecedentes de la Europa unida, gracias a su manifiesto *Pan-Europa*, su libro *La lucha por Paneuropa*, y por la creación de la Unión Internacional Paneuropea.

Coudenhove-Kalergi era hijo de un conde y diplomático del Imperio austrohúngaro que había publicado un libro sobre la idiosincrasia del antisemitismo. Coundehove-Kalergi fue un estudiante sobresaliente, cursando Historia de la Filosofía, tanto en Múnich como en Viena, doctorándose en su Universidad. Comenzó a trabajar como periodista y editor de la revista "Paneuropa", publicando en 1923 el mencionado manifiesto *Pan-Europa*. Entre 1925 y 1928 sacó su libro *La lucha por Paneuropa*, en tres volúmenes.

Sus ideas se sustentaban en que tras la Gran Guerra una nueva conflagración podía estallar si Europa no superaba sus divisiones y se unía. Su pesimismo fue creciendo, insistiendo en la urgente necesidad de la integración europea, consciente, sin lugar a dudas, de lo que estaba ocurriendo. Fue un intelectual muy lúcido, al constatar que Europa ya no tenía el papel hegemónico de antaño frente a Estados Unidos, Japón y Rusia, así como frente al Reino Unido, al que no consideró como partícipe en su organización paneuropea. Había, por lo tanto, que unirse, sobre principios políticos y culturales que generasen una identidad común entre los habitantes europeos.

El proceso debía comenzar con la creación de una Conferencia europea con el fin de establecer un mecanismo de arbitraje para resolver los conflictos entre los Estados. Posteriormente, habría que conformar de forma gradual una Unión Aduanera, para terminar constituyendo los Estados Unidos de Europa, donde los europeos disfrutarían de una ciudadanía común. Desde el punto de vista organizativo se crearía un Parlamento bicameral, con una cámara elegida directamente por los ciudadanos, y otra de tipo federal, con un representante por cada Estado miembro. Él consideraba que habría veintiséis Estados, y que conservarían algunos principios de soberanía propia, pero subordinada al mantenimiento de un sistema económico común, es decir, la economía de mercado y, sobre todo, a un modelo de seguridad continental, militar y diplomático común que impediría el estallido de guerras.

A raíz del manifiesto de 1923 se creó la Unión Paneuropea, muy activa durante los años veinte y los comienzos de los años treinta hasta que la tensión se instaló permanentemente en las relaciones internacionales. En 1926 se reunió su primer congreso en Viena con asistencia de jefes de gobierno, pero también de destacados intelectuales, como Sigmund Freud, Albert Einstein o José Ortega y Gasset. Pero, en realidad, la organización, que sigue existiendo hoy en día, no generó acciones prácticas, quedándose más en lo teórico, una característica que, en realidad, se heredó del propio Coudenhove-Kalergi.

El proyecto de Aristide Briand

Aristide Briand fue un gran defensor de la idea y organización de la Sociedad de Naciones al terminar la contienda. Fue uno de los políticos que más se implicó en construir una paz duradera, en llegar a entendimientos, demostrando una talla y altura políticas muy poco habituales en su tiempo y solamente comparable a un espíritu parecido en el alemán Gustav Streseman, como apuntaremos a continuación. Briand fue uno de los protagonistas de los Acuerdos de Locarno, que supusieron el intento de superar el rencor del pasado en Europa, entre Francia y Alemania, para construir un mundo más seguro, a pesar de que las tensiones de los años treinta dieran al traste con lo acordado.

Estos Acuerdos deben entenderse en su contexto. Francia giraba a la izquierda en 1924 y apartaba del poder a Poincaré, un político que se había destacado por su dureza en política internacional, como había demostrado con la ocupación del Ruhr. Por su parte, en Alemania destacaba la figura de Stresemann que entre 1923 y 1929 inspiró la política exterior de la República de Weimar. Estamos hablando de un político comprometido con la causa de la paz, muy valorado por los británicos y por el francés Aristide Briand. Eso no significa que no intentara sacar ventajas para su país, pero siempre bajo las premisas de la paz y de la reconciliación. En este sentido, conectaba con un cambio en la política exterior francesa, que se suavizaba y entendía la necesidad de rebajar las exigencias. El tercer factor clave para entender el fin de las tensiones postbélicas vendría del otro lado del Canal de la Mancha. Los británicos llevaban mucho tiempo empeñados en la defensa de la causa de la reconciliación entre franceses y alemanes, y siempre fueron contrarios a apretar en exceso a Berlín. El arbitraje inglés fue, por lo tanto, fundamental.

Los Tratados de Versalles no garantizaban la paz en Europa. Muy pronto se vio que la Sociedad de Naciones, a pesar de su ferviente convicción a favor de la paz y de la convivencia internacional, no tenía medios prácticos para conseguir estos objetivos. Además, las dos grandes potencias emergentes del momento, Estados Unidos y la URSS, no pertenecían a esta organización. En 1924 se firmó el Protocolo de Ginebra que pretendía poner fin a las políticas de agresión. Fue firmado por catorce países, pero el Reino Unido no intervino en el mismo. Así pues, serían París y Berlín los que, como hemos apuntado, decidieron, con el firme apoyo de Londres, sentarse a dialogar.

Así pues, en Locarno se reunieron Gustav Stresemann, Aristide Briand y Joseph Austen Chamberlain, además de Mussolini, llegando a siete acuerdos de arbitraje y/o alianza que afectaban a Francia, Alemania, Bélgica, Italia, Polonia y Checoslovaquia, además de emitir una declaración final sobre garantías mutuas sobre la forma de interpretar algunos puntos de la Carta de la Sociedad de Naciones.

El Pacto de Locarno fue una clara apuesta contra la guerra. El recurso a la violencia solamente estaría legitimado en caso de agresión o en cumplimiento de las órdenes de la Sociedad de Naciones. Las fronteras de los Estados deben ser respetadas. Todos se comprometen a recurrir al Tribunal de la Haya para resolver conflictos, agravios y litigios. Alemania solicitará el ingreso en la SDN y lo obtiene, aunque al exigir ser miembro permanente del Consejo, obligaba a reformar los estatutos de la organización.

Pero Locarno tenía algunos puntos más complicados o débiles. Aunque planteó soluciones a los problemas de las fronteras en la Europa occidental no hizo lo mismo en la oriental. Tampoco se produjo una evacuación inmediata de Renania, como deseaban los alemanes. Tampoco se solucionó la cuestión de las reparaciones. Cuando se terminó el Plan Dawes se hizo necesario elaborar otro nuevo, el Plan Young, para reducir la deuda alemana y establecer un plazo más largo, 59 años, para el abono de las mismas.

En todo caso, había nacido el espíritu de Locarno, algo muy distinto a lo que se había vivido desde 1918, y de lo que se vivirá después en los años treinta, en plena crisis económica, con auge del nazismo y los virajes hacia la guerra. Locarno no puede ser considerado un antecedente de la integración europea, pero sí del espíritu de que siempre había que preferir el acuerdo a la confrontación, siendo la última vez que eso ocurriría hasta el desastre de 1939.

Pero, además de su participación en estos acuerdos, y desde su responsabilidad en Exteriores, conviene señalar la importancia del pacto Briand–Kellog, por el que Estados

Unidos aligeraba un tanto su política aislacionista, al prestar su apoyo a la causa de la paz. En consecuencia, en 1926 le fue otorgado a Briand el Premio Nobel de la Paz, galardón que compartió con el alemán Stresemann.

El precedente más interesante de la Europa unida por su audacia fue el de nuestro protagonista. El ministro de asuntos exteriores francés pronunció un discurso en la Sociedad de Naciones en 1929 en el que defendió una federación europea basada en varios principios: solidaridad, prosperidad económica y cooperación política y social. La propuesta tuvo mucho impacto mediático y fue muy bien recibida, aunque concitó la oposición de las fuerzas políticas más nacionalistas y las comunistas. La Sociedad de Naciones encargó al político francés la elaboración de un memorando de proyecto. Briand lo presentó en 1930. El proceso de unidad comenzaría con una serie de acuerdos para crear un mercado común europeo, aunque no planteó un procedimiento específico para alcanzar este objetivo, dejando muy claro que no pretendía atacar a las respectivas soberanías nacionales. Briand buscaba que la paz se consolidase en Europa y se superasen las tensiones del pasado.

La respuesta al proyecto de Briand fue favorable en su gran mayoría, con la excepción británica. Pero no había mucho entusiasmo detrás de la respuesta positiva. Briand solamente consiguió que se creara una Comisión de Estudios para la Unión Europea, pero que dejó de reunirse en 1932 cuando Briand falleció. La nueva década sería de tensiones constantes hasta el estallido de la Segunda Guerra Mundial.

A pesar del fracaso, Briand ha quedado en la Historia como uno de los pioneros más destacados de la unidad europea y su influencia puede detectarse en los padres fundadores de la Europa unida.

Para completar el conocimiento del proyecto de Briand queremos aludir a la respuesta socialista sobre el mismo, tanto del socialismo de su país, a través de Léon Blum, como del español, porque incidieron en cuestiones clave: la soberanía nacional, la democracia, y los aspectos económicos, cuestiones muy importantes en las discusiones del futuro.

Al parecer, Briand ya había dado algunas pistas de sus ideas en el parlamento francés y a través de algunas filtraciones a la prensa, como reconocía el líder socialista francés. Pero lo importante era que, al final, el prometido golpe de efecto que habría pretendido Briand, y siempre según Blum, se había dado de un modo "tembloroso y reticente", porque el ambiente no parecía propicio para la idea de los Estados Unidos, después de La Haya y la liquidación de la cuestión renana. Blum defendía la idea de que esa Europa unida solamente era posible a través de una aproximación sincera y cordial entre Francia y Alemania, que pasaba por el completo fin de las ocupaciones militares, aunque no sería la única condición. Si Briand había formulado una unión económica, debía entender que era necesaria la "afinidad política", y ahí estaba la causa de las vacilaciones del proyecto de su compatriota, siempre según la perspectiva de Blum. Así pues, nuestro articulista estaba apostando por una unidad política.

Pero el problema se complicaba porque parecía imposible crear una unión entre países democráticos y otros que eran fascistas, habida cuenta de la extensión de estos regímenes en Europa. Se podría argumentar que los Estados Unidos de Europa serían un medio para conseguir fomentar la democracia. Blum no estaba en contra, pero ponía una condición, que tenía que ver con la necesidad de que la nueva organización tuviera poder efectivo. No funcionaría si se respetaban las soberanías nacionales, siendo este el meollo del problema para el socialista. Toda solución encaminada hacia la construcción de una unidad debía pasar por la limitación de la soberanía nacional. En este sentido, si las instituciones de la federación —consejo ejecutivo y parlamento— tenían poderes no habría problema. Los Estados federados mantendrían una soberanía parcial o subordinada, algo así como la de los estados en Estados Unidos, o la de los cantones en Suiza.

En definitiva, Blum no era muy optimista sobre el futuro del proyecto si el panorama internacional no evolucionaba en un sentido democrático, aunque se felicitaba de la propia existencia de la idea de Briand porque contribuía al desarrollo del espíritu internacional, tan caro al socialismo. Como sabemos, los temores del socialista eran reales. Los años treinta se encargarían de arrumbar en un cajón la idea de una Europa unida.

Por su parte, los socialistas españoles, en principio, no eran contrarios a la idea de Briand, pero el socialismo español era muy cauto por la experiencia histórica. No se podían construir unos Estados Unidos de Europa como se había hecho los de Norteamérica. Los últimos habían nacido de la unión frente a Inglaterra en su guerra de independencia, generando una constitución federal. La realidad europea era muy distinta. Aunque Estados Unidos cada día ejercía más poder sobre Europa era impensable, además de considerarse como una posibilidad "horrible", pretender crear una unidad con el fin de combatir a Norteamérica. En todo caso, la idea que se barajaba sobre los Estados Unidos europeos no tenía nada que ver con un posible enfrentamiento con los de Norteamérica, aludiendo implícitamente a lo que había expresado el propio Briand de que su propuesta no iba contra nadie, aunque se opinaba que debía existir algún tipo de intranquilidad al otro lado del Océano Atlántico.

El órgano del Partido Socialista explicaba que era bueno que los Estados capitalistas se inclinaran por el internacionalismo, propio del socialismo, y se constataba que era una idea que se estaba viendo en muchas esferas de la vida, aunque los obstáculos eran muy grandes. El principal problema estribaba en la existencia de barreras aduaneras y aranceles proteccionistas, a los que había que combatir. Existían unas industrias artificiales que vivían de la explotación de los consumidores. En este problema se incluía a la propia España. Había que combatir lo que se consideraba el nacionalismo protector de los intereses de los privilegiados, estableciéndose el librecambio para el desarrollo económico real y de los consumidores.

A pesar de los problemas, los socialistas españoles querían ser optimistas.

La propuesta federal del *Manifiesto de Ventotene*

El *Manifiesto de Ventotene* es uno de los documentos más importantes en la Historia de la integración europea, nacido en la clandestinidad, en la Segunda Guerra Mundial, por tres italianos perseguidos por el fascismo, destacando, sin lugar a dudas, entre ellos, Altiero Spinelli.

Efectivamente, Spinelli fue uno de los mayores impulsores de la integración europea desde su defensa del federalismo. Fue un opositor al fascismo, y eso le costó estar diez años en prisión y confinado otros seis. Aunque entró en el PCI la deriva estalinista del comunismo le hizo apartarse del mismo en 1937, para defender tesis socialistas democráticas. Al estallar la Segunda Guerra Mundial fue confinado en la isla de Ventotene.

En dicho lugar coincidió con Ernesto Rossi y Eugenio Colorni, así como con su esposa Úrsula Hirschmann. Rossi era un activo antifascista en grupos de oposición denominados *Gustizia e Liberta,* colaborando en distintas publicaciones y hasta participando en sociedades secretas. Por su parte, Colorni fue filósofo y también activista antifascista. No podría sobrevivir al final de la contienda porque unos días antes de la liberación de Roma sería golpeado gravemente, hasta que murió. Úrsula terminaría casándose con Spinelli, y fundaría la organización "Mujeres por Europa".

Los cuatro trabajaron con cuidado en su residencia vigilada en la redacción de un Manifiesto. Redactaron el texto en papel de cigarrillos, y tuvieron que esconderlo, aunque comenzaría a circular clandestinamente a través de la Resistencia.

El *Manifiesto de Ventotene* se divide en tres partes. En la primera se analizarían las causas de la Segunda Guerra Mundial y del totalitarismo, basándose en una intensa crítica al Estado-nación, una combinación que, aunque, en principio, había servido para unificar territorios habría derivado en un enfrentamiento de los mismos por la hegemonía, entrando en la carrera armamentística. Pero, además, y como vemos era evidente la ideología de izquierdas de los autores, las clases dominantes de esos Estados, en vez de trabajar por amirorar las desigualdades socioeconómicas en los mismos, habían contribuido a que se implantasen dictaduras, con todo lo que eso trajo consigo de odios, anulación del espíritu crítico y de la exaltación de la raza.

Una vez analizada la realidad, los autores del *Manifiesto* planteaban una alternativa para cuando se terminase el conflicto, con el fin de construir Europa, impulsado por la sociedad civil, mediante un movimiento federalista. Europa debía ser federal, con ejército propio, en vez de los nacionales, con una moneda única, y una política exterior común, basada en la solidaridad y la cooperación, principios que debían aplicarse tanto en clave interna como hacia países de otros continentes.

Por fin, la tercera parte trataría de aspectos socioeconómicos, en línea con las ideas de sus autores. Se trataría de que la construcción de la Europa federal no podría realizarse si no se reducían las desigualdades sociales. La economía debía ponerse al servicio de las personas. Por fin, el texto aboga por una clara apuesta por la laicidad.

El *Manifiesto* tuvo y tiene una evidente influencia por las ideas que contiene. El propio Spinelli jugó un papel protagonista en el proceso de integración europea, siendo considerado uno de los padres fundadores de la Unión Europea. Spinelli creó el Movimiento Federalista Italiano, que luego se extendería en otros países y aconsejó a distintas personalidades vinculadas al proceso de integración. En la primera mitad de la década de los años setenta fue comisario europeo y también fue diputado en el Parlamento Europeo. Elaboró el conocido como "Plan Spinelli" en el Parlamento en el sentido de crear una Unión Europea Federal, y que fue, sin lugar a dudas, la inspiración de los Tratados posteriores.

La posguerra en Europa

La magnitud de la Segunda Guerra Mundial marcó a muchos políticos e intelectuales europeos de una manera indeleble. Las muertes incontables de soldados y civiles, las destrucciones masivas y, sobre todo, el Holocausto, dejaron una huella que, al menos, no paralizó ni resucitó venganzas, castigos y sanciones a las potencias derrotadas, sino que sirvió de revulsivo para actuar en un sentido de integración, aunque, sin lugar a dudas, a través de un proceso complicado, especialmente por el contexto de la Guerra Fría, que afectando a Europa, superaba al continente porque involucraba a todo el mundo, además de que los Estados europeos ya no eran los principales actores de la política internacional.

Aquellos europeos analizaron las causas que habían llevado al estallido en septiembre de 1939 de la mayor tragedia que nunca antes había vivido el continente en su conjunto, sin olvidar lo ocurrido en otras zonas del mundo, especialmente en Asia y el Pacífico.

Encontraron un conjunto de factores del período de entreguerras y que habían comenzado a desarrollarse desde el mismo momento en que había terminado la anterior contienda, la conocida antes como Gran Guerra, y ahora bautizada como Primera Guerra Mundial. Ahí estaban los afanes de revancha, la forma de reorganizar territorialmente el continente desde la exclusiva perspectiva de los vencedores, las asfixiantes reparaciones de guerra, el establecimiento de sistemas democráticos sobre endebles pilares, la inestabilidad económica sobre las ruinas de la posguerra, la especulación posterior, y la depresión aguda e intensa a partir de 1929, el aumento vertiginoso de las desigualdades sociales, y el auge de fórmulas dictatoriales y totalitarias como supuestas soluciones a los problemas, además de renovadoras de las tesis imperialistas contrarias al derecho internacional y a las primeras organizaciones internacionales, llenas de buenos propósitos, pero poco operativas, como ejemplificaría la Sociedad de Naciones.

Todo eso no podía volver a pasar nunca más, y por eso la idea de la integración europea surgió con una enorme fuerza, imbricando lo económico, lo político y lo social, sin olvidar lo cultural. Se debía convertir en un antídoto para evitar errores y horrores del pasado. Y comenzaron a plantearse, a partir de ideas y proyectos, distintas soluciones organizativas, siendo la principal, sin lugar a dudas, la que se firmó en Roma en 1957.

El Consejo de Europa

La primera organización europea fue el Consejo de Europa. No podemos dejar de estudiar su creación en este libro, aunque sea una organización ajena a la CEE y a la posterior Unión Europea, porque fue la primera solución institucional de envergadura, por su propio espíritu de concordia, y porque en su seno se discutió mucho sobre la integración de los Estados europeos.

La influencia de Churchill

En el año 1946, Winston Churchill pronunció un discurso que sería el punto de partida para formar el Consejo de Europa. El discurso del político conservador británico tuvo lugar en la Universidad de Zúrich. Propugnó la creación de los Estados Unidos de Europa, un concepto que ya hemos visto en el período de entreguerras. Además, instó a los europeos a dejar los horrores del pasado, ya terminada la Segunda Guerra Mundial, y encarar el futuro. Churchill consideraba que no se podía avanzar manteniendo los odios del pasado ni desarrollando sentimientos o acciones de venganza. Los primero que había que emprender era crear una especie de "familia europea", basada en principios de justicia, misericordia y libertad. Esos debían ser los Estados Unidos de Europa como el único medio para que los europeos pudieran vivir una vida que mereciera la pena vivirla.

El Movimiento Europeo

En el mes de julio de 1947 se produjeron movimientos en favor de la unidad europea, especialmente desde el Movimiento Unido Europeo, una organización franco-británica, que intentó en la inmediata posguerra coordinar esos esfuerzos, y donde destacaría la figura de Duncan Sandys, un político conservador británico, emparentado por su esposa con Winston Churchill, y que se empeñó en la unidad europea. Sandys puso en marcha el Movimiento Unido Europeo a raíz del discurso de su suegro en Zúrich. En ese momento, Joseph Retinger, que había sido protagonista en la creación de la Liga Europea para la Cooperación Económica en 1946, planteó a Sandys que ambas organizaciones podían colaborar en el proceso de integración europea. Retinger sería una figura clave en el Club Bildeberg.

En todo caso, ambos personajes convocaron una reunión internacional en la que, además de sus respectivas organizaciones, asistieron los *Nouvelles Equipes Internationales,* la Unión Parlamentaria Europa y la Unión Europea de Federalistas. La Conferencia se desarrolló en París en julio de 1947, acordándose la creación de un Comité para la Coordinación de los Movimientos Internacionales por la Unidad Europea. En diciembre cambiaría su nombre por el de Comité Internacional de los Movimientos por la Unidad Europea. Sandys sería elegido presidente, y Retinger, secretario honorario.

Este Comité organizaría el Congreso de La Haya o de Europa, celebrado en La Haya entre el 7 y el 11 de mayo de 1948. El Comité se transformaría, después de dicho Congreso en el Movimiento Europeo, hecho que ocurriría el 25 de octubre de 1848. Sandys pasaría a presidirlo, siendo nombrados presidentes honorarios, Léon Blum, Winston Churchill, Alcide de Gaspieri y Paul-Henri Spaak.

El Movimiento tendría un gran éxito al promover el establecimiento del Consejo de Europa en mayo de 1949, además de crear el Colegio de Europa en Brujas, y el Centro Europeo de Cultura en Ginebra. El Colegio se ha dedicado a organizar cursos de posgrado. En su fundación concreta estarían Churchill, Spaak, De Gaspieri, pero también el español Salvador de Madariaga. En 1992 abriría un segundo campus en las afueras de Varsovia. Por fin, el Movimiento se ha dedicado a promover grupos de debate y reflexión sobre Europa.

El Congreso de La Haya o de Europa

Como hemos visto, el Movimiento Europeo convocó el Congreso de La Haya o Congreso de Europa para el 7 de mayo de 1948.

El Congreso defendió la idea de que ningún esfuerzo para reconstruir con éxito Europa podía basarse sobre las soberanías nacionales, rígidamente divididas. Solamente podría hacerse a través de una unión política y económica con el fin de garantizar la seguridad, la independencia económica y el progreso social en Europa, poniendo en marcha una asamblea consultiva elegida por los parlamentos de los distintos Estados.

Denis de Rougemont, uno de los hombres más activos en la idea de la integración europea y en el seno de los federalistas, resumió en el discurso de clausura lo que se había pretendido en el Congreso. El intelectual suizo explicó que la suprema conquista de Europa consistía en la dignidad del hombre y su verdadera fuerza residía en la libertad. Ese era el objetivo final de la lucha. Se quería la unión del continente para salvar las libertades que se había ido adquiriendo, pero también para ampliarlas para todos. En esa unión el continente se jugaba su destino, pero también la paz en el mundo.

De Rougemont resumió las resoluciones que se habían tomado. En primer lugar, los miembros del Congreso explicitaron que querían una Europa unida, devuelta a toda su extensión a la libre circulación de hombres, ideas y bienes. Se quería una Carta de los derechos del hombre, que garantizase las libertades de pensamiento, reunión y de expresión, así como el libre ejercicio de una oposición política. Había que instituir un Tribunal de Justicia, capaz de aplicar las sanciones necesarias para que fuera respetada la Carta. Además, había que crear una Asamblea europea en la que estuvieran representadas todas las fuerzas vivas de las naciones europeas. Terminaría, afirmando el compromiso de apoyar en los hogares, en público, en los partidos, en las iglesias, y en los ámbitos profesionales y sindicales a los hombres y los gobiernos que trabajaban en lo que consideraba una "obra de salvación pública, suprema posibilidad de paz y prueba de un gran porvenir" para la generación presente y para las venideras.

En todo caso, también es cierto que en estos inicios de lo que luego sería el Consejo de Europa surgieron dos grandes posturas en relación con la integración europea. Los franceses, belgas e italianos eran partidarios de una integración avanzada a través de una federación, frente al modelo de británicos, irlandeses y nórdicos, más tradicional, basado en las relaciones entre los gobiernos.

La creación del Consejo de Europa

Aunque, sin lugar a dudas, el Congreso de La Haya es determinante para la creación del Consejo de Europa también hay que tener en cuenta el contexto más general, y que tiene que ver con el auge de la Guerra Fría, las tensiones en relación con la Alemania dividida, el Bloqueo de Berlín, el Telón de Acero y la imposición de las denominadas "democracias populares" en el Este del continente. Todo eso hizo que los europeos occidentales no perdieran el tiempo. El ministro de Exteriores francés, Georges Bidault, tomó la iniciativa para que los europeos se pusieran en marcha. Su sucesor en el cargo, Robert Schuman, uno de los padres de Europa, insistió en la invitación.

Francia y Bélgica, con gran protagonismo de su primer ministro Paul–Henri Spaak, buscaban la creación de una asamblea europea, compuesta por parlamentarios de los distintos países donde las decisiones se tomaran democráticamente por mayoría de votos. Pero a los británicos no les gustaba que las resoluciones de dicha asamblea fueran vinculantes, es decir, querían que la misma tuviera una naturaleza consultiva. En todo caso, las negociaciones siguieron entre los cinco miembros que habían firmado el Tratado de Bruselas (Unión Europea Occidental, con carácter defensivo), es decir, Francia, Reino Unido, y los tres países del Benelux. A finales de enero de 1949 se llegó a un acuerdo en Londres. Se crearía el Consejo de Europa, compuesto por un consejo ministerial que se reuniría a puerta cerrada y con poder de decisión, y una asamblea consultiva, eso sí en reuniones públicas. Los parlamentarios terminarían por ser nombrados por los parlamentos respectivos según una resolución posterior de 1951.

El Tratado de creación del Consejo de Europa se firmó el 5 de mayo de 1949 en Londres, por parte del Reino Unido, Francia, Bélgica, Países Bajos y Luxemburgo, y se adhirieron Italia, Irlanda, Dinamarca, Suecia y Noruega. Estrasburgo sería la sede del mismo.

El Consejo de Europa estableció que:

"La finalidad del Consejo de Europa consiste en realizar una unión más estrecha entre sus miembros para salvaguardar y promover los ideales y los principios que constituyen su patrimonio común y favorecer su progreso económico y social".

Pero, además, el Consejo se empeñó en el compromiso de que los Estados miembros debían aceptar los principios del gobierno de la ley y de que todos sus ciudadanos estarían protegidos por la jurisdicción de los derechos humanos y las libertades fundamentales. Esta cuestión fue muy importante desde el principio. Debemos tener en cuenta que anteriormente el Consejo Internacional del Movimiento Europeo había aprobado en febrero de 1949 una Declaración de Principios de la Unión Europea, creando, además una Sección Jurídica Internacional, a la que se le encargó elaborar un proyecto de convención europea de los derechos humanos. El 12 de julio de ese mismo año dicha Sección presentó su propuesta al Consejo de Ministros del Consejo de Europa.

Por fin, en 1950 se firmó por los miembros del Consejo de Europa un convenio en Roma para la protección de los derechos aludiendo a la Declaración de Derechos del Hombre que habían formulado las Naciones Unidas en 1948. Dicho documento tuvo mucha importancia porque el Consejo no solo entendía entre reclamaciones entre los Estados, sino también que también atendería las demandas de los particulares contra Estados. Algunas de las disposiciones que se tomaron en esta materia terminaron por obligar a algunos Estados a cambiar legislaciones.

Hoy el Consejo de Europa está compuesto por 46 países, y el criterio fundamental para pertenecer al mismo es el del respeto a los principios democráticos y a los derechos y libertades. Por ese motivo, no entraron los Estados al otro lado del Telón de Acero. A raíz del golpe de los coroneles en Grecia, las nuevas autoridades se retiraron poco antes de que el país fuera expulsado, aunque con la recuperación de la democracia el país heleno reingresó. A raíz del golpe de 1980 en Turquía se expulsó a su delegación parlamentaria. El fin de la dictadura salazarista permitió que dos años después Portugal entrara. España no pudo ingresar durante la larga dictadura franquista. Pudo hacerlo en 1977. El proceso que terminó con los sistemas comunistas en la Europa del Este permitió que fueran ingresando distintos Estados de esa parte de Europa.

El debate sobre la unión política

En el Consejo de Europa se debatió la posibilidad de trabajar por la unión política europea, por la superación de las fronteras nacionales, pero el problema fundamental que se presentaba era que el mismo Consejo era muy respetuoso con las soberanías nacionales de sus Estados miembros. En todo caso, se produjeron propuestas y un debate que terminaría por no cuajar, aunque su espíritu no fue, a nuestro juicio, baldío. En todo caso, quedó muy pronto claro que el Consejo de Europa no iba a ser el marco para conseguir la integración europea.

En principio, habría una propuesta que no podemos dejar de calificar de ambiciosa, y que partía de Francia. En el Comité político del Consejo, presidido por el francés Bidault, se presentó un informe del político socialista francés Guy Mollet, que sería posteriormente primer ministro cuando se firmaron los Tratados de Roma de 1957.

Mollet pretendía que se construyese una fórmula federal. El británico conservador Harold Macmillan quiso que se reformara el Consejo de Europa para que el Consejo de Ministros del mismo tuviera un poder ejecutivo real por encima de los Estados miembros. El laborista Mackay iba en ese mismo camino de superación de las soberanías con estructuras ejecutivas y parlamentarias, elaborando leyes.

Todo quedó en proyectos e ideas.

Otras organizaciones

Antes y después de la creación de la Comunidad Económica Europea se formaron otras organizaciones europeas con distintos fines que deben ser tenidas en cuenta por ser ensayos previos o porque plantearon integraciones en algunos asuntos concretos, y también por presentar modelos distintos de integración.

El Benelux

La Unión Aduanera, conocida como Benelux, fue el primer ensayo de gran entidad en la integración económica posterior de la Comunidad Económica Europea.

El Benelux abarcaría a tres países y lleva como nombre las dos primeras letras de sus nombres, Bélgica, Países Bajos (*Nederland*) y Luxemburgo. Los tres han tenido estrechísimos lazos a lo largo de la Historia.

El 21 se julio de 1921 se firmó un tratado que creaba la Unión Económica entre Bélgica y Luxemburgo, quitando todo tipo de barreras económicas, quedando sus monedas bajo una tasa fija de cambio.

En plena Segunda Guerra Mundial los Gobiernos de los tres países acordaron la supresión de los derechos aduaneros entre los tres, además de fijar tasas comunes para las mercancías que llegaran de terceros países. El acuerdo se firmó en Londres donde tenían su sede los Gobiernos exiliados por la ocupación nazi. La entrada en vigor sería para el 1 de enero de 1948 porque se calcularon unos tres años para la reconstrucción una vez que Alemania fuera derrotada.

El Tratado que puso en marcha el Benelux no solo se refería a asuntos comerciales, sino que suponía la plena libertad de movimientos de personas, mercancías y servicios.

Los integrantes del Benelux, siempre unidos, fueron juntos a ingresar en la Unión Europea Occidental con franceses y británicos en 1948, y después en la OTAN.

El Benelux se integraría en la OECE, es decir, la Organización Europea de Cooperación Económica en 1948, después en la CECA en 1951 y por fin, en la CEE en 1957. Posteriormente, se ha ido renovando este Tratado, especialmente en 2008, que ha racionalizado y simplificado los aspectos organizativos del mismo (Consejo, Parlamento, Corte de Justicia y Secretaría General).

Organización Europea de Cooperación Económica

La Organización Europea de Cooperación Económica (OECE) nació el 11 de abril de 1948 con el fin de administrar, en principio, las ayudas planteadas en el Plan Marshall. Integraría a los siguientes Estados: Portugal,

Reino Unido, Francia, Alemania, Italia, Países Bajos, Bélgica, Luxemburgo, Austria, Dinamarca, Noruega, Grecia, Suecia, Suiza, Turquía, Irlanda e Islandia.

La Organización Europea de Cooperación Económica pretendía facilitar el comercio, concedería créditos y fomentaría las prácticas liberalizadoras en relación con el capital.

España ingresaría en 1958, y dejó de tener un carácter europeo cuando en 1961 ingresaron los Estados Unidos y Canadá, pasando a ser la Organización para la Cooperación y el Desarrollo Económico (OCDE). París sería la sede de la misma. Hoy vendría a ser una especie de "club de los países ricos" por su papel en la economía mundial.

La Unión Europea Occidental

El Tratado de Bruselas de 1948 creó la Unión Europea Occidental, como una organización de defensa y seguridad. El 17 de marzo de ese año, Francia, Reino Unido, Bélgica, Países Bajos y Luxemburgo firmaban en la capital belga dicho Tratado, que también tenía una dimensión de cooperación económica, social y colectiva. En la firma estuvieron Georges Bidault por Francia, Edwin Bevin por el Reino Unido, Paul-Henri Spaak de Bélgica, así como Carel Godfried van Boetzelaer por los Países Bajos y Joseph Bech de Luxemburgo.

El Tratado tendría su origen en otro anterior firmado en marzo de 1947 en Dunkerque entre Francia y Reino Unido, de alianza y ayuda mutua en caso de ataque de Alemania. Llama la atención dicho Tratado porque Alemania estaba severamente derrotada y dividida, por lo que algunos autores consideran que fue un pretexto para la cooperación en materia de defensa en relación con la URSS, cuando comenzaba la Guerra Fría.

El acuerdo firmado en Bruselas creaba un sistema de asistencia mutua automática en caso de agresión militar. La sede del mismo se radicó en Fontainebleau.

La creciente Guerra Fría y el poder de los Estados Unidos hizo que, en realidad, en materia de defensa se optase por la fórmula de la OTAN y la UEO pasó a un evidente segundo plano. El Tratado de Bruselas se adaptó en el año 1954 para dar cabida a Alemania e Italia.

En marzo de 2010 se anunció su disolución tras la entrada en vigor del Tratado de Lisboa y el desarrollo de una política de defensa en la Unión Europea. Así pues, quedaría disuelta el 30 de junio del año siguiente.

El Consejo Nórdico

Tras la Segunda Guerra Mundial los países nórdicos, que habían corrido distinta suerte en la misma (Suecia, neutral, Noruega y Dinamarca ocupadas por los nazis, y Finlandia en guerra contra la URSS) decidieron aunar esfuerzos en la creación de una especie de unión escandinava con el fin de asegurar su seguridad, aunque el problema se planteó con Finlandia, ya que, debido a su política de neutralidad y un tratado con la URSS, no podría, en principio, participar. La idea era unificar la política exterior y de defensa de los países nórdicos, planteando la neutralidad en caso de conflicto, sin aliarse con la OTAN, aunque hubiera voces en estos países para una integración en la misma. No olvidemos que la zona era y es estratégica y los Estados Unidos tenían mucho interés en contar con bases en Escandinavia. Ante la idea de la neutralidad Washington advirtió que no garantizaría el apoyo militar en caso de ataque soviético si los países nórdicos no ingresaban en la OTAN. Por otro lado, parecía necesaria la ayuda americana para levantar la economía de los países que habían sido ocupador por Alemania. Así pues, la primera idea supranacional nórdica fracasó, incluyendo la unión aduanera. Dinamarca, Noruega e Islandia decidieron entrar en la OTAN.

En contrapartida, el primer ministro danés, Hans Hedtfort propuso en el verano de 1951 la posibilidad de crear una organización interparlamentaria con carácter consultivo. En una reunión celebrada en Copenhague entre los días 15 y 16 de marzo de 1952, Dinamarca, Islandia, Suecia y Noruega crearon el Consejo Nórdico, que se reunió por vez primera el 13 de febrero del año siguiente en la sede del Parlamento danés, siendo su primer presidente el iniciador del proyecto, Hans Hedtfort. Finlandia se pudo unir al Consejo cuando sus relaciones con la URSS se relajaron a raíz de la muerte de Stalin.

El Consejo trabajó por la integración de los países nórdicos con indudables éxitos. Así pues, en el verano de 1954 entró en vigor el mercado laboral nórdico, y en 1958 se formaría la Unión Nórdica de Pasaportes. Ambas decisiones generaron, en realidad, el primer espacio europeo de libre circulación de personas. En 1955 se puso en marcha el Convenio Nórdico de Seguridad Social. Pero el proyecto de mercado único fracasaría. En 1959 hubo que abandonar la idea porque Dinamarca, Noruega y Suecia se adhirieron a la Zona Europa de Libre Comercio. En 1961 Finlandia se incorporaría a la Zona, y luego estaría las solicitudes de Dinamarca y Noruega a la CEE.

En 1962 se firmó el Tratado de Helsinki, que formalizó el Consejo de forma clara. La integración nórdica avanzó en los años sesenta, con la creación de la Escuela Nórdica de Salud Pública, el Fondo Cultural Nórdico y la Casa Nórdica. En 1970 se firmó el Acuerdo Nordek sobre cooperación económica, aunque Finlandia dio marcha atrás porque siempre pesaron las complejas relaciones con la URSS. En todo caso, este Acuerdo terminaría por no cuajar.

Ante el interés noruego y danés por integrarse en la CEE, en 1971 se creó el Consejo Nórdico de Ministros con el fin de poder garantizar el futuro del Consejo. Anteriormente, se permitió participar en el mismo a las Islas Feroe y Aland, como parte de las delegaciones danesa y finlandesa, y en los ochenta ocurrió lo mismo con Groenlandia. Dinamarca terminó por entrar en la CEE, pero no Noruega. El primer país se convirtió en una especie de puente entre las Comunidades Europeas y los países nórdicos. Por su parte, en 1973 Finlandia firmó un Tratado de Libre Comercio con la CEE. No entró en la misma, pero desde 1977 se abolieron los derechos de aduana con algunas excepciones durante un tiempo. Suecia, siempre celosa de su neutralidad, se mantuvo al margen.

A pesar de todos estos vaivenes, el Consejo siguió activo en los años setenta, como lo probaría la creación del Fondo Industrial Nórdico y el Banco Nórdico de Inversiones. El Consejo se ha preocupado también por las cuestiones medioambientales, especialmente en relación con el Mar Báltico y el Océano Atlántico Norte. En los ochenta se crearía el Consejo Nórdico de Política Científica.

Asociación Europea de Libre Comercio o E.F.T.A.

La Asociación Europea de Libre Comercio o Acuerdo Europeo de Libre Cambio, más conocidos como E.F.T.A., es decir, la *European Free Trade Association,* nació a partir de la Convención de Estocolmo, firmada el 4 de enero de 1960. En principio estuvo integrada por Austria, Dinamarca, Noruega, Reino Unido, Portugal, Suecia y Suiza. La Convención entró en vigor en junio de ese año. En 1961 entró Finlandia, en 1970, Islandia, y, por fin, en 1991, Liechtenstein.

La E.F.T.A. surgió en un contexto determinado, y relacionado, realmente, con la Comunidad Económica Europea como reacción a la misma. El Reino Unido terminó por desarrollar una clara política contraria a lo que se había formado en Europa porque nunca había optado por una integración de signo federal, y porque, además, se encontraba en plenos procesos de descolonización y quería fortalecer la *Commonwealth*. Londres se movilizó y durante el año 1959, ya firmado el Tratado de Roma, consiguió reunir al grupo de países firmantes, muchos de ellos colindantes en torno al núcleo central que suponía la Comunidad Económica Europea. El objetivo era lograr el desarrollo económico y la estabilidad financiera de los países miembros. Se debía lograr a través de la eliminación progresiva de los derechos de aduana de los productos industriales, aunque no de los agrícolas ni del mar. Eso sí, cada miembro podía poner la tarifa aduanera que estimase en relación con terceros países, algo que no permitía la Comunidad Económica Europea, que establecía una política comercial común.

Desde el punto organizativo, constaría de una Secretaría con sede en Ginebra, un Tribunal, el Consejo y la Autoridad para la Vigilancia.

En principio la E.F.T.A. obtuvo éxitos económicos evidentes, a pesar de que sus objetivos eran infinitamente más modestos que los que habían establecido la CEE. El comercio aumentó considerablemente. Pero poco a poco fue perdiendo fuelle, cuando el Reino Unido y Dinamarca entraron en la CEE en 1973, y luego otros países, quedando solamente Islandia, Suiza, Noruega y Liechtenstein. Todavía estar por ver que Londres regrese a la organización después del Brexit.

La creación de las Comunidades Europeas

El camino para la formación de las Comunidades Económicas Europeas, que se plasmarían oficialmente en los Tratados de Roma de 1957 no fue fácil, ni mucho menos, pero se consiguió por la voluntad de un conjunto de políticos empeñados en el esfuerzo.

Hemos visto como las propuestas generadas en el Consejo de Europa, ambiciosas, sin lugar a dudas, no condujeron a nada práctico, por lo que se plantearon otras vías, que pasaban por comenzar el edificio en el plano económico, en la línea de Jean Monnet y, sobre todo, Robert Schuman, con el fin de estrechar lazos que terminaran por hacer ver la necesidad de plantear los lazos políticos, es decir, ir más allá de lo que, por ejemplo, la E.F.T.A. plantearía después, que se quedó en lo estrictamente económico. La *Declaración Schuman* es primordial porque constituyó el primer paso, formando la CECA. Después llegaría el impulso en la Conferencia de Messina, el proyecto de Spaak, y la firma de los Tratados de Roma en marzo de 1957.

La Declaración Schuman: la Comunidad Europea del Carbón y del Acero

Desde la recién creada República Federal Alemana, el canciller Konrad Adenauer manifestó el descontento alemán por el agravio que suponía que ciertas zonas fueran aprovechadas de forma unilateral por los Aliados, especialmente por Francia. Charles de Gaulle terminó por atender a esta demanda. En ese contexto, desde Francia se planteó la *Declaración de Schuman,* buscando también superar el marco franco–alemán, al abrirse la coordinación económica de la producción y distribución del carbón y del acero a otros Estados. Pero, no cabe duda, que Schuman tuvo que trabajar arduamente en su país porque en Francia no todas las sensibilidades políticas estaban por la labor de dejar de ocupar o controlar las fundamentales zonas del Ruhr y el Sarre. En la Asamblea Nacional francesa los gaullistas, los más ultranacionalistas y hasta los comunistas se enfrentaron a los cambios que el ministro quería introducir en favor de una relación más estrecha y positiva con Alemania.

La *Declaración* que lleva su nombre, se hizo pública 9 de mayo de 1950, una fecha que fue elegida posteriormente para conmemorar el Día de Europa.

El político francés afirmó que la paz mundial no se podía salvaguardar sin desarrollar unos esfuerzos equivalentes a los peligros que la amenazaban, es decir, estaba defendiendo un claro ejercicio de voluntad. La contribución que una Europa organizada podía aportar a la civilización era indispensable para que se desarrollaran relaciones pacíficas. En la *Declaración* recordaba el acervo francés de dos décadas en esta idea, y que nosotros hemos confirmado en el estudio del período de entreguerras. Como Europa no se había organizado la guerra había estallado.

Era consciente de que la construcción de Europa debía hacerse con realizaciones concretas, y en ese sentido, Francia y Alemania tendrían una clara responsabilidad conjunta en superar definitivamente su secular rivalidad porque la agrupación de las naciones exigía ese entendimiento.

Schuman anunciaba que el Gobierno francés proponía trabajar sobre lo que calificó de un punto limitado pero decisivo. Se proponía que se sometiera el conjunto de la producción franco–alemana de carbón y acero bajo una alta autoridad común, pero en una organización abierta a la participación de los demás países europeos.

La puesta en común de estas dos producciones garantizaría en sí misma y casi de forma automática la creación de bases comunes de desarrollo económico, como una primera etapa para la construcción de la federación europea, modificando definitivamente del destino de tantas regiones que durante mucho tiempo se habían dedicado a la fabricación de armas de guerra, siendo ellas mismas víctimas de los propios conflictos.

La producción debía ser ofrecida a todo el mundo sin ninguna distinción con el fin de contribuir al aumento del nivel de vida y al progreso. Con sus medios propios Europa podría, en consecuencia, proseguir la realización de una de sus tareas esenciales, el desarrollo de África.

Schuman insistía mucho en que la fusión de intereses para la creación de una comunidad económica se estaba poniendo las bases o el fermento de una comunidad más amplia y más profunda entre países que se habían opuesto durante mucho tiempo y además de forma sangrienta.

Francia se comprometía a iniciar negociaciones sobre unas bases. En primer lugar, la misión encomendada a la Alta Autoridad común consistirá en garantizar, en el plazo más breve posible, la modernización de la producción y la mejora de su calidad, pero también el suministro, en iguales condiciones, del carbón y del acero en los mercados francés y alemán, así como en el de los Estados que se fueran adhiriendo, del desarrollo de la exportación común al resto de países, y la equiparación y mejora de las condiciones de vida de los obreros de estas industrias, es decir, que no olvidaba la dimensión social de un acuerdo económico.

Para alcanzar estos objetivos a partir de las evidentes condiciones dispares de los países del acuerdo, había que plantear algunas disposiciones con carácter transitorio con el fin de poder aplicar un plan de producción y de inversiones, mecanismos de estabilidad de precios y la creación de un fondo de reconversión para facilitar una producción racional. Además, la circulación del carbón y del acero entre los países del acuerdo debía liberarse, es decir sin derechos de aduana. Schuman defendía también que con el tiempo y de forma progresiva había que plantear una serie de condiciones para que las cuestiones de producción y productividad se garantizasen de forma espontánea.

La organización no debía confundirse, bajo ningún concepto, con un cártel internacional que buscase explotar los mercados mediante prácticas restrictivas ni la búsqueda de enormes beneficios, sino que se planteaba para la fusión de mercados y la expansión de la producción.

Todo lo expuesto debía ser fijado en un tratado firmado por los Estados. Con el fin de facilitar las negociaciones que precisasen las normas de aplicación se debía recurrir a un árbitro designado de común acuerdo, cuya misión consistiría en velar para que los acuerdos tomados se ajustasen a los principios tomados, y en caso de desacuerdo que no pudiera superarse, plantear una solución.

La Alta Autoridad del tratado, y que tendría como misión el funcionamiento de todo el sistema, debía estar compuesta por personalidades independientes designadas sobre bases paritarias por parte de los Gobiernos de los Estados, y que después elegirían a un presidente de la misma. Las decisiones de esta Alta Autoridad tendrían efecto ejecutivo, aunque se garantizaban también las vías para posibles recursos contra sus decisiones, es decir, siempre se procedía a plantear mecanismos garantistas. En ese contexto, un representante de las Naciones Unidas ante la Alta Autoridad debía encargase de realizar, dos veces al año, un informe público ante la ONU sobre el funcionamiento del nuevo organismo, especialmente en relación con la salvaguardia de sus fines pacíficos. El sistema garantizaría el régimen de propiedad de las empresas, y debía tener en cuenta las facultades otorgadas a la autoridad internacional del Ruhr y las obligaciones de todo tipo impuestas a Alemania, mientras estas subsistiesen.

Las negociaciones para poner en la práctica lo planteado por Schuman comenzaron en el mes de julio de ese mismo año, y que llevarían a la firma del Tratado de París del 18 de abril de 1951.

Uno de los problemas fundamentales de la negociación tenía que ver con el hecho de que las industrias del carbón y del acero alemanas en el Ruhr estaban fuertemente concentradas en trusts muy poderosos, y que habían sido una baza fundamental del poder alemán desde antes de la Primera Guerra Mundial. Los alemanes seguían defendiendo este sistema por eficiencia económica, pero también como una especie de sello de identidad propio. Los dueños de estas concentraciones seguían siendo un grupo de presión evidente. En este contexto, los norteamericanos, aunque no participaron en las negociaciones, sí estuvieron al tanto y fueron un factor clave, ya que no querían el mantenimiento de este sistema de concentración. Es más, el informe que encargaron a un destacado abogado de Harvard, completamente contrario a los monopolios económicos, Robert Bowle, inspiró la política de libre competencia del Tratado firmado, es decir, contra los cárteles y los abusos que suponían los monopolios. Desde el Departamento de Estado se hizo un seguimiento exhaustivo de todo el proceso negociador con el fin de evitar que el proyectado mercado común del carbón y del acero incluyera cláusulas restrictivas.

En Alemania, la Socialdemocracia anunció que se opondría al Plan de Schuman, a pesar de que sus homólogos en otros países europeos sí eran partidarios del mismo. Al parecer, el SPD pensaba que una pequeña Europa de los seis dificultaría el camino hacia la reunificación alemana, potenciando el ultranacionalismo y el comunismo en Europa occidental. Pero, además, creía que la CECA alejaría el proyecto de nacionalizar la industria siderúrgica. Curiosamente, la generación más joven del Partido sí era partidaria del Plan, confirmando la tendencia socialista en favor de la integración que existía en otros países.

Pero en Francia también había problemas. Es verdad que Schuman había logrado grandes apoyos, pero los comunistas, muy poderosos, se oponían. Charles de Gaulle, ahora fuera del poder, había sido, en principio partidario de establecer en Europa vínculos económicos y en 1945 había abogado por el establecimiento de una autoridad europea para explotar los recursos del Ruhr, pero ahora se posicionó contra la aprobación de la CECA, porque consideraba que era un enfoque muy fragmentario para la unidad europea, y porque pensaba que Francia no era lo suficientemente fuerte para controlar la CECA, ya que, evidentemente en el general imperó siempre un evidente nacionalismo francés. Los gaullistas terminaron por votar en contra de la ratificación del Tratado en la Asamblea Nacional.

En todo caso, los parlamentos de los seis países firmantes aprobaron la ratificación del Tratado. El Reino Unido se negó a entrar porque, según Clement Atlee, los británicos no podían aceptar que su economía se entregara a una autoridad que consideraba completamente antidemocrática porque, además, no respondía ante nadie.

El Tratado de París constaba de cien artículos. Establecía un mercado común del carbón y del acero entre Francia. Alemania Occidental, Bélgica, Países Bajos, Luxemburgo e Italia. Pretendía expandir la economía, aumentar el empleo y elevar el nivel de vida. El mercado debía racionalizar de forma progresiva la distribución de la producción, además de velar por la estabilidad y el empleo. El mercado común del carbón comenzó a funcionar el 10 de febrero de 1953, y el del acero el 1 de mayo de ese mismo año. En consecuencia, la Autoridad Internacional del Ruhr dejó de funcionar. Su primer presidente fue Jean Monnet, otro de los grandes padres de la unidad europea. Los norteamericanos reconocieron oficialmente la CECA en el año 1952, abriendo una delegación de relaciones con la misma en Bruselas.

La CECA estableció un organigrama, con la Alta Autoridad sería clave. Estaría compuesta por nueve miembros con su presidente. En realidad, vendría a ser la inspiradora de la futura Comisión Europea. Después, estaría la Asamblea, compuesta por miembros de los parlamentos de los Estados miembros, que sería la precursora del Parlamento Europeo. El Consejo de Ministros estaría formado por ministros de los seis países miembros, y que luego vendría a ser el Consejo de la Unión Europea. Por fin, un Tribunal de Justicia resolvería los conflictos que se pudieran dar. Como vemos, la CECA fue el primer ensayo de una organización supranacional europea, aunque fuera para cuestiones económicas concretas, pero ensayo, al fin y al cabo, y muy aleccionador.

La CECA se extinguió en 2002 porque se había firmado que duraría cincuenta años. Sus funciones y competencias quedaron integradas en la Unión Europea. Ya en los años noventa se había planteado qué hacer, pero se decidió mantener la CECA hasta que expirara el Tratado de París, estableciendo una serie de acuerdos para poder transferir de forma adecuada las bases de la misma y sus fondos propios.

El Plan Pleven y la Conferencia de Messina

Los miembros de la CECA tenían en mente claramente que la misma debía ser un primer paso hacia la unión política, un objetivo que se iría logrando y consolidando paso a paso y a través de un ejercicio de voluntad con acciones concretas, sin precipitaciones, pero sin pausas tampoco. Esta filosofía de ir paso a paso fue la ideada por Jean Monnet. En primer lugar, había que consolidar el mercado común del carbón y del acero. Los acontecimientos internacionales provocaron que se quisiera dar un paso más, pero que, sin lugar a dudas, podemos calificar de ambicioso. A raíz del estallido de la Guerra de Corea y del interés norteamericano en que Alemania se rearmara, Jean Monnet propuso la creación de un ejército común. No dejó de ser una propuesta arriesgada, porque hacía muy poco que había finalizado la Segunda Guerra Mundial, y se estaba en plena Guerra Fría. Pero la idea no cayó, en principio, en saco roto, ya que el primer ministro francés, René Pleven, propuso un plan que lleva su nombre con el fin de crear una Comunidad Europea de la Defensa (CED) en octubre de 1950. El Plan recibió el apoyo, tanto de Schuman como de Adenauer, que intentaron promoverlo en sus respectivos países.

Para poner en marcha ese ejército era necesario tratar sobre la soberanía nacional de cada país, además, de crear una autoridad o gobierno europeo. El presidente italiano Alcide de Gaspieri trabajó en ese sentido, proponiendo que en el Tratado que pusiera en marcha el CED se incluyera la unión política. No podemos negar que el político italiano se empeñó en esta idea de la unión política, pero esos ímpetus iniciales chocaron de frente muy pronto con la realidad. La Asamblea Nacional de Francia rechazó votar la ratificación del CED porque se interpretó que atentaba a la soberanía nacional. Eso ocurría en el verano de 1954.

La contundencia de la respuesta parlamentaria francesa fue de tal calibre que el reciente entendimiento entre franceses y alemanes se debilitó. Ante el éxito que había supuesto la CECA, conseguido, además, no sin un gran esfuerzo, ahora llegaba un frenazo al proceso de integración. Pero Monnet, siempre con una mezcla de sensibilidad y firmeza, no se rindió. La integración europea no podía quedarse en un mercado común del carbón y del acero, y si no había resultado la unión política para la defensa común, se podía optar por un paso más modesto y también de signo económico con el fin de aunar más por este medio a los Estados. Así pensó en un mercado común de la energía: eléctrica, gas y la energía atómica.

Por otro lado, los pequeños Estados se pusieron en marcha, demostrando que ante la paralización del motor franco-alemán, había otros países que podían demostrar iniciativa. Estamos hablando de los miembros del Benelux.

Así pues, el holandés Johan W. Beyen, un banquero, empresario y político, injustamente poco conocido en la historia del proceso de integración europea, fue el personaje que puso sobre la mesa la idea de una plena integración económica y social. Beyen era una persona con amplia experiencia en las finanzas y había estado en la creación de las instituciones económicas que se plantearon en Breton Woods en su momento. Ya en 1953 había hablado de la integración económica, pero en ese momento no fue muy escuchado porque se estaba en pleno proceso de unión sobre la seguridad, que parecía un camino más evidente para la unión. Pero el fracaso de este proceso fue el momento para comenzar a tener en cuenta sus ideas.

Los miembros del Benelux acogieron el plan de Beyen, un convencido de que los problemas económicos y del paro ya no podían solucionarse dentro de las fronteras nacionales. La unión económica sería fundamental para el crecimiento, la competitividad y hasta para la creación de empleo. Beyen no se conformaba con una unión aduanera, sino que había que levantar un verdadero mercado común, ampliando el ejemplo y marco del Benelux.

Monnet por su parte, decidió compartir sus propias ideas de un mercado común de la energía con el político belga, y otro de los padres de Europa, Paul-Henri Spaak, desentendiéndose de su propio Gobierno. Monnet buscaba que el belga se convirtiera en el líder del proceso, al menos del mercado común energético. Por su parte, Spaak informó a Monnet de las ideas de Beyen, pero el francés, dado lo que había pasado, optó por la prudencia. Pensaba que las ideas del holandés eran muy ambiciosas y había que seguir por un camino más prudente para evitar otro desengaño.

Pero los Estados del Benelux demostraron ambición, y redactaron un informe basado en las ideas de Beyen sobre la integración económica plena, aunque también incluyeron las ideas de Monnet sobre el mercado energético, que vendría a ser una ampliación de la CECA. Y enviaron el informe al resto de miembros de la misma, es decir, Francia, Alemania e Italia. Pues bien, para discutir el memorando se convocó una Conferencia en Mesina, que se celebraría entre los días 1 y 3 de junio de 1955. En la Conferencia estuvieron presentes el francés Antoine Pinay, Walter Hallstein, por Alemania, Paul-Henri Spaak (Bélgica), Johan Beyen (Holanda) y Joseph Bech (Luxemburgo), que ejercería como presidente de la reunión, además del ministro italiano, Gaetano Martino.

Si había habido dificultades previas sobre el lugar elegido para la Conferencia, las de la negociación serían de mayor calado porque, en principio, las posturas estaban muy claras y eran distintas. Los representantes del Benelux defendieron el proyecto de integración económica total, como era de esperar, mientras que el francés solamente pensaba en la integración energética. En la discusión, Beyen habló de unidad política, pero si se quería conseguir había que comenzar por la integración económica y social.

En aras del consenso se llegó al acuerdo de acoger los dos proyectos, a través de la creación de dos Comunidades. Una Conferencia que no había comenzado con buen pie terminó con éxito.

El Comité Spaak

A raíz de lo resuelto por la Conferencia de Mesina se puso en marcha el Comité Spaak, que comenzó a trabajar el 9 de julio de 1955 hasta el 20 de abril de 1956, cuando se aprobó el denominado "Informe Spaak". Había que tratar sobre la creación de las dos Comunidades aprobadas. Saapk presidía el Comité, formado, además, por un miembro por cada país, además de dos observadores: un representante del Reino Unido y otro de la CECA.

Dada la magnitud del trabajo a emprender hubo que crear comités y subcomités, sobre el mercado común, la unión aduanera, las cuestiones sobre inversiones, asuntos sociales, el empleo de las energías convencionales y la nuclear, las obras públicas y el transporte.

El 6 de septiembre se celebró la Conferencia de Noordwijk, donde se presentó la primera versión del "Informe Spaak", siendo, por lo tanto, provisional. Los británicos decidieron retirar a su observador porque eran contrarios al establecimiento de una unión aduanera y, sobre todo, porque no estaban dispuestos a ceder tecnología nuclear.

Entre los días 11 y 12 de febrero de 1956 los ministros de Exteriores de la CECA se reunieron en Bruselas para acordar la versión definitiva del "Informe". El mismo sería entregado el 21 de abril. La aprobación tendría lugar en la Conferencia de Venecia, que se celebró entre los días 29 y 30 de mayo. Posteriormente, se celebró otra Conferencia intergubernamental sobre el Mercado Común y la Comunidad de Energía atómica, reunida en el Castillo de Val–Duchesse, en las cercanías de Bruselas.

Los Tratados de Roma de 1957

Los Tratados de Roma, firmados el 25 de marzo de 1957, constituyen un hito fundamental en la Historia de Europa. Por el primero se creaba la Comunidad Económica Europea o CEE, y por el segundo la Comunidad Europea de la Energía Atómica, o Euratom. Se unían al anterior que había creado la Comunidad Europea del Carbón y del Acero (CECA), conformando las Comunidades Europeas.

La ceremonia tuvo lugar en el Palacio de los Conservadores en el Capitolio, en Roma. Los firmantes de este acuerdo fueron Christian Pineau por Francia, Joseph Luns por los Países Bajos, Paul-Henri Spaak por Bélgica, Joseph Bech por Luxemburgo, Antonio Segni por Italia y Konrad Adenauer por la República Federal de Alemania. Después tuvieron que ser ratificados por los parlamentos de estos Estados, y entraron en vigor el primero de enero de 1958.

El primer Tratado afirmaba en su preámbulo que los Estados signatarios estaban determinados a establecer los fundamentos de una unión, sin fisuras, entre los países europeos. Se aspiraba al desarrollo armonioso de las actividades económicas, una expansión continua y equilibrada, un aumento de la estabilidad, la aceleración del nivel de vida y unas relaciones más estrechas entre los Estados miembros.

Había que crear una unión aduanera europea, estableciendo un período transitorio de hasta doce años para la eliminación total de los aranceles entre los Estados miembros. El éxito económico de la unión permitió acortar el plazo, ya que en el 1 de julio de 1968 se suprimieron todos los aranceles. Por otro lado, la Comunidad Económica Europea creó un Arancel Aduanero Común para las mercancías de terceros países. En todo caso, esta unión se limitó a los productos, porque siguió habiendo restricciones al libre movimiento de capitales, servicios y personas, habiendo que esperar, como veremos en su momento, a la segunda mitad de los años ochenta y a 1992.

Otro de los aspectos fundamentales de la Comunidad Económica Europea fue la creación de una Política Agraria Común (PAC), que comenzó a funcionar en 1962. La agricultura europea tenía que asegurar el abastecimiento de productos básicos. Así pues, en los primeros años de la PAC se trabajó para que los ciudadanos europeos pudieran disponer de un suministro suficiente y estable, por lo que había que fomentar no solo la producción, sino, sobre todo, la productividad agropecuaria de los Estados miembros. La PAC se desarrollaba mediante subvenciones y sobre garantizar precios agrícolas altos para los agricultores, pero evitando que eso repercutiera en precios altos finales para los consumidores. La financiación de esta política se desarrolló a través del FEOGA, es decir, el Fondo Europeo de Garantía Agrícola. Había que racionalizar las explotaciones agropecuarias, mejorar la formación y capacitación de los agricultores, incentivar jubilaciones anticipadas y arbitrar ayudas a fondo perdido para regiones muy desfavorecidas. En consecuencia, la PAC llegó a absorber la mitad del presupuesto comunitario.

En los años setenta comenzaron los problemas porque, una vez conseguidos los objetivos primigenios, apareció la sobreproducción con una ingente acumulación de excedentes de productos agrarios. Hubo que fomentar las exportaciones fuera de la Comunidad, así como las donaciones a países con dificultades, el almacenamiento y hasta la destrucción. El coste presupuestario se disparó y se generaron algunas distorsiones en el mercado mundial de algunos productos, así como un malestar tanto en los agricultores como en los consumidores. Hubo que proceder a establecer límites productivos con cuotas para reducir los excedentes, y en los años ochenta comenzaron a plantearse cuestiones sobre la necesidad de fomentar una agricultura respetuosa con el medioambiente. La Agenda 2000, además de mantener los objetivos clásicos de la PAC, introdujo la necesidad de establecer una política de desarrollo rural, con el fin de que los agricultores reestructurasen sus explotaciones, diversificasen la producción y se mejorase la comercialización de los productos, además, de fomentar el establecimiento de actividades paralelas. En 2003 se introdujo una profunda reforma en relación con el gasto, obligando a los agricultores a orientar la producción por las reglas del mercado, aunque se mantuvieron las ayudas a la renta para dar una cierta estabilidad a sus ingresos.

La CEE también estableció una política común pesquera, basada en un sistema de cuotas para limitar la cantidad de pescado de cada especie que las flotas europeas pueden capturar. Se pretendía buscar el equilibrio entre la competitividad y el mantenimiento de los ecosistemas marinos. Además, la CEE ha tenido que negociar con terceros países para poder pescar en sus aguas.

La CEE se ha guiado siempre por una política contraria al establecimiento de monopolios. Adoptó, a su vez, una política común sobre los transportes, y fomentó la estandarización, es decir, la elaboración, aplicación y mejora de normas que se emplean en todo tipo de actividades con el fin de ordenarlas y mejorarlas.

Por fin, es muy importante recordar que el fondo económico más antiguo de la CEE, creado en su Tratado fundacional, fue el Fondo Social Europeo, aunque se puso en marcha en 1972, después de una reforma que se había producido en 1971. Su objetivo primordial ha sido aumentar y mejorar el empleo, promoviendo la cohesión social. En los primeros años se concentró en la gestión de la migración de los trabajadores dentro de Europa, pero luego se preocupó de forma prioritaria contra el desempleo, especialmente de los más jóvenes y de los trabajadores con menor cualificación.

Desde el punto de vista organizativo, y con importantes variaciones posteriores que iremos viendo, la Comunidad Económica Europea se constituyó con la Comisión, encargada de formular y administrar las políticas comunitarias. Vendría a ser como el Gobierno de la CEE, es decir, tendría poder ejecutivo e iniciativa legislativa. Estaría formada por comisarios propuestos por los Estados miembros con un presidente. El Consejo de Ministros también tendría poder ejecutivo. Un comité prepararía su trabajo. El Consejo de Ministros congregaría a los responsables ministeriales específicos de los asuntos a tratar. En 1975 comenzó a funcionar el Consejo Europeo, reunión periódica de los jefes de Estado y de Gobierno, y donde se tomarían las grandes decisiones. En realidad, la primera de estas reuniones fue la Cumbre celebrada en diciembre de 1974 en París, donde se estableció que debían celebrarse tres reuniones anuales. Como es sabido, la presidencia del Consejo rota cada seis meses

El Parlamento Europeo estaría formado por diputados nombrados por los parlamentos, aunque luego cambiaría sustancialmente este sistema a través de la elección directa por sufragio universal de los ciudadanos. La Cumbre parisina de 1974 aprobó este fundamental cambio, mientras que, en la reunión del Consejo Europeo, celebrada en Bruselas en julio de 1976, se acordó el número y distribución de escaños a elegir. Tendría, lógicamente, funciones legislativas. Las primeras elecciones se celebraron entre el 7 y el 10 de mayo de 1979. La sesión inaugural tuvo lugar en julio en la sede de Estrasburgo. Simone Veil fue elegida presidenta, responsabilidad que mantuvo hasta el año 1982. El Parlamento legislaría con la Comisión, y como tal, además, tendría funciones de control.

Por fin, estaría la Corte Europea de Justicia. Sus competencias aumentaron a raíz de la primera reunión de los ministros de Justicia el 3 de junio de 1971.

Como hemos visto para el caso del Parlamento, estas instituciones se han ido reformando profundamente a través de los distintos acuerdos y tratados firmados por los Estados miembros, especialmente a partir de la segunda mitad de los años ochenta.

En marzo de 1971 se aprobó el "Plan Werner", que pretendía mejorar la coordinación de las políticas económicas. Los Estados debían tomar medidas para armonizar sus políticas presupuestarias y reducir el margen de las fluctuaciones de sus monedas. En la reunión del Consejo Europeo de diciembre de 1978 se crearía el ECU, el sistema monetario europeo. El Banco Europeo de Inversiones también nació en el primer momento, como órgano financiero comunitario. Sus accionistas serían los Estados miembros. Debía contribuir al desarrollo equilibrado europeo.

Los distintos intereses de los grupos económicos y sociales europeos se canalizarían también desde el momento de la fundación de la CEE, a través del denominado Consejo Económico y Social Europeo o CESE. En el mismo tendría cabida los representantes de los empresarios, de los trabajadores y lo que se denomina la "diversidad europea", es decir, agricultores, artesanos, profesionales, consumidores, la comunidad científica y pedagógica, familias, ecologistas, etc.

En 1975 se crearía el Tribunal de Cuentas, dedicado a la fiscalización y control de las cuentas de las instituciones y administración comunitarias.

La Comunidad Económica Europea ha vivido siete ampliaciones. Hoy la Unión Europea consta de veintisiete miembros, después de la salida del Reino Unido.

La primera ampliación se produjo en 1973 con la adhesión de Dinamarca, Irlanda y el Reino Unido, naciendo lo que durante mucho tiempo se llamó la "Europa de los Nueve". Grecia ingresaría en 1981. La tercera ampliación, oficialmente el primer día de enero de 1986, aunque los tratados de adhesión se firmarían el año anterior, fue protagonizada por Portugal y España. Europa pasaba a contar con doce miembros. Ya como Unión Europea, en 1995 entrarían Austria, Finlandia y Suecia. La mayor ampliación en número de países y de habitantes tuvo lugar en el año 2004 porque ingresaron: República Checa, Chipre, Eslovaquia, Eslovenia, Estonia, Hungría, Letonia, Lituania, Malta y Polonia. En 2007, ingresaban Bulgaria y Rumania. Por su parte, Croacia lo haría en 2013.

Europa y la energía atómica: Euratom

Como decíamos en el capítulo anterior, el segundo Tratado de Roma constituyó la Comunidad Europea de la Energía Atómica, o Euratom.

Su principal objetivo tendría que ver con la constatación de un déficit energético en Europa, el desarrollo e independencia de una industria nuclear propia mediante la creación de un mercado común de tecnología y materiales nucleares, además del establecimiento de un marco común legal en materia de seguridad y protección de la población. Como en el caso anterior, luego los respectivos parlamentos tuvieron que ratificar dicha firma. El Tratado entró en vigor el primero de enero de 1958.

En él se establecían sus instituciones: Asamblea parlamentaria, Tribunal de Justicia, Consejo de Ministros y Comisión del Euratom. Las dos primeras eran comunes con las dos otras Comunidades, mientras las dos últimas fueron propias y diferentes hasta la entrada en vigor del Tratado de Fusión.

El desarrollo de un mercado común de la energía atómica no fue una tarea fácil porque hubo que conciliar intereses diversos. En todo caso, se consiguieron avances en la distribución de la energía y en la venta del sobrante a terceros países. También se proporcionaron préstamos para financiar proyectos.

Es evidente que la energía nuclear ha generado no pocas polémicas y Euratom no se vio libre de las mismas, muy especialmente a partir de los años setenta.

El Tratado de Fusión de 1965

El Tratado de Fusión o Tratado por el que se constituyó un Consejo Único y una Comisión Única de las Comunidades, o Tratado de Fusión de los Ejecutivos, se firmó en Bruselas el día 8 de abril de 1965 por los Estados miembros de las tres Comunidades Europeas, es decir, la CECA, la CEE y el Euratom. El Tratado permitía la racionalización entre las tres Comunidades al crear una única Comisión Europa y un Consejo. Así pues, los tres poderes ejecutivos se unificaban.

Este Tratado culminaba un proceso que había comenzado en 1958 porque en ese momento las tres Comunidades comenzaron a compartir el Parlamento y el Tribunal de Justicia de las Comunidades Europeas. Faltaba, pues, unificar los poderes ejecutivos. Entró en vigor el primero de julio de 1967.

Aunque no se cita muchas veces, el Tratado de junio de 1965 es muy importante porque, en realidad conformó las Comunidades Económicas Europeas como un organismo común. A partir de entonces habría un presupuesto común, aunque algunos aspectos de la CECA y del Euratom siguieron manteniendo presupuestos propios. También se estableció una única administración.

El Tratado fue derogado, con una única excepción relativa a las inmunidades de los funcionarios, por el Tratado de Ámsterdam, de 2 de octubre de 1997, y que entró en vigor el primero de mayo de 1999.

La evolución organizativa

Constituidas las Comunidades Económicas Europeas comenzó la intensa historia de un proceso creciente de integración, aunque marcado por crisis, parones y desánimos debidos a las distintas sensibilidades, al mayor o menor predomino de fuerzas contrarias al europeísmo, a los vaivenes económicos y por la repercusión de las tensiones internacionales mundiales. Pero también ha sido una historia de enormes éxitos fruto de un ejercicio constante de voluntad por hacer de Europa un lugar distinto en el mundo a lo que había sido antes. Cuando se escribe este libro se está viviendo una situación compleja en relación con la refundación de la Unión Europea, pero también de esperanza.

El Acuerdo de Schengen

En enero de 1985 accedió al cargo de presidente de la Comisión Europea el francés Jacques Delors, gracias al acuerdo del renovado eje Francia–Alemania con François Mitterrand y Helmut Kohl. Delors estaría al frente de la Comisión durante tres mandatos consecutivos, convirtiéndose en uno de los personajes más destacados de la integración europea y durante casi una década, la que va desde 1985 a 1994. Su gestión ofreció muchos frutos que veremos en este y en los siguientes capítulos. En su tercer mandato ya estaríamos hablando de la Unión Europea.

El primer éxito de la Comisión Delors fue la puesta en marcha del Espacio Schengen gracias a un acuerdo tomado en 1985, aunque no entró en vigor hasta 1995, con un convenio previo firmado en 1990. Alemania Occidental, Bélgica, Francia, Luxemburgo y Países Bajos acordaron inicialmente suprimir sus controles en las fronteras interiores entre los firmantes, trasladando estos controles a las fronteras a las fronteras exteriores con terceros países. Toda persona podría circular libremente si había entrado regularmente por una frontera exterior de los Estados firmantes o residiera en uno de los mismos. El Acuerdo se incluyó en los denominados Tratados Constitutivos de la Unión Europea, con una reforma del derecho primario en la Conferencia Intergubernamental de 1996, y que culminaría con el Tratado de Ámsterdam. En total, el Espacio abarca hasta el presente a veintisiete miembros (España se incorporó a partir de 1991), y también se acogieron al mismo otros Estados no pertenecientes a la Unión Europea: Islandia, Liechtenstein, Noruega y Suiza. Por su parte, Irlanda y el Reino Unido no participaron en el Espacio, aunque sí participarían en la cooperación policial y judicial y en la lucha contra el tráfico de estupefacientes. Por fin, Bulgaria, Chipre y Rumanía, aun perteneciendo al Acuerdo, mantienen controles en sus fronteras.

La libre circulación de personas era una consecuencia de lo que, realmente se firmó en Roma en 1957, aunque en ese momento solamente se estableciera una unión aduanera. En la década de los ochenta el asunto cobró importancia en el seno de la CEE. Había Estados que consideraban la necesidad de establecer la libertad de movimientos, pero solamente para los ciudadanos de la CEE, manteniéndose los controles de fronteras para distinguir ciudadanos de los Estados miembros de los de terceros países. En cambio, para otros Estados había que establecer una plena libertad de movimientos. No se llegó a un consenso, por lo que al principio solamente los cinco Estados citados anteriormente firmaron en 1985 el Acuerdo de Schengen (su nombre se refiere a la ciudad de Luxemburgo donde se firmó, siendo emblemática porque su localización geográfica obliga a cruzar fronteras).

Dentro del proceso de lo que se denomina la Refundación de la Unión Europea, Francia planteó en 2022 la necesidad de una reforma del Espacio Schengen con mecanismos para la protección fronteriza ante las crisis migratorias. También la pandemia de COVID-19 ha obligado a replantearse algunas cuestiones sobre el cierre de fronteras.

El Acta Única Europea de 1986

En 1986 se firmó el Acta Única Europea por los doce miembros que en ese momento formaban parte de la CEE, entrando en vigor el primero de julio de 1987. Estaríamos hablando del documento que permitiría la futura creación de la Unión Europea.

El Acta Única pretendía superar el objetivo del Mercado Común para alcanzar el objetivo del Mercado Único, es decir, un espacio sin barreras interiores, con libre circulación de mercancías, personas, servicios y capitales.

En realidad, se pretendía llevar a cabo la idea primigenia de los Tratados iniciales, pero no se había avanzado mucho desde entonces hasta la firma del Acuerdo de Schengen el año anterior, aunque tardaría unos años en entrar en vigor, como hemos visto. El Acta Única, por lo tanto, pretendía acelerar el proceso, y poner una fecha límite, el 31 de diciembre de 1992.

El Acta planteaba una serie de puntos fundamentales. En primer lugar, estaría el establecimiento de unas condiciones jurídicas para la creación del mencionado Mercado Único, algo que terminó cumpliéndose en el plazo previsto. Era muy importante atender tanto a la cohesión económica como a la social. Debía fortalecerse el sistema de cooperación política europea en los aspectos de la investigación, la tecnología y el medio ambiente. Aparecía por vez primera la idea de la cooperación europea en materia de política exterior, de seguridad y defensa. Suponía una apuesta más clara que la anterior cuando en 1970 se aprobó el "Informe Davignon", cuyo objetivo consistió en que los miembros de la CEE debían armonizar sus puntos de vista, concertar sus actitudes, y cuando fuera posible, procurar emprender acciones comunes en el plano internacional.

Debían mejorarse las estructuras de decisión de la Comunidad Europea, con el fortalecimiento de los derechos del Parlamento Europeo. Por fin, había que establecer el Tribunal de Justicia de Primera Instancia de la Unión Europea, para que pudiera asistir al Tribunal de Justicia, en su labor.

El Acta Única hizo una apuesta por la política social porque incluyó la salud y la seguridad en el lugar del trabajo, así como la necesidad del diálogo entre la dirección de las empresas y los trabajadores.

El Programa Erasmus

Uno de los grandes éxitos de la Comisión Delors fue el establecimiento del Programa Erasmus en 1987. Estaríamos hablando del Plan de Acción de la Comunidad Europea para la Movilidad de los Estudiantes Universitarios, concebido para promover y financiar la movilidad académica de los estudiantes y profesores europeos, fomentando el intercambio social, cultural, lingüístico y hasta deportivo. El Programa nació por la iniciativa de la asociación AEGEE Europe, es decir, la Asociación de Estados Generales de Estudiantes de Europa o Foro de Estudiantes Europeos, nacida en 1985, siendo una organización aconfesional, sin filiación política y sin ánimo de lucro, y donde se promueve el espíritu europeo. La misma no tiene estructuras estatales, sino locales y europea. Fue creada por Franck Biancheri, que puede ser considerado como uno de los padres de Erasmus. La idea fue apoyada de forma entusiasta por el comisario europeo de Educación, el español Manuel Marín, así como por Felipe González y François Mitterrand. El programa se integró en 1995 en un plan de mayor envergadura denominado "Sócrates". A partir del año 2000 se entró en el "Sócrates II". Erasmus está destinado a la educación superior, y recibió su nombre en honor al humanista Erasmo de Rotterdam.

El Tratado de Maastricht de 1992

El Tratado de Maastricht, firmado en dicha ciudad de los Países Bajos, el 7 de febrero de 1992, entrando en vigor el primero de noviembre de 1993, es uno de los Tratados fundacionales o constitutivos de la Unión Europea, y recoge en su seno los tres anteriores Tratados, los que crearon la CECA y los de Roma de 1957. Esos tres Tratados anteriores se consideran como el "pilar comunitario" o "primer pilar", mientras que el de Maastricht añadiría otros dos "pilares", la política exterior y de seguridad común, el PESC, siendo el "segundo pilar", y, por fin, los asuntos de justicia o interior, o JAI, el "tercer pilar". Este Tratado fue el que creó la Unión Europea.

El segundo pilar (PESC) establecía que la Unión Europea debía definir y ejecutar una política común exterior y de seguridad. Los Estados miembros debían apoyar de forma incondicional esta política. Sus principales objetivos serían los siguientes: la defensa de los valores comunes, los intereses fundamentales, la independencia y la integridad de la Unión, de conformidad con los principios de la Carta de las Naciones Unidas; el fortalecimiento de la seguridad de la Unión en todas sus formas, el fomento de la cooperación internacional, el desarrollo y la consolidación de la democracia y del Estado de Derecho, así como el respeto de los derechos humanos y de las libertades fundamentales.

El tercer pilar, como hemos señalado, se refiere a la justicia y los asuntos de interior. Abarcaría un conjunto importante de ámbitos. En primer lugar, se encargaría de establecer y aplicar las normas para el cruce de las fronteras exterior de la Unión, reforzando los controles. También tendría que ver con la coordinación de acciones de lucha contra el terrorismo, la delincuencia, el tráfico de drogas y los fraudes internacionales. Además, fomentaría la cooperación en materia civil y penal. Crearía la Oficina Europea de Policía o Europol, dotada de un sistema de intercambio de información y coordinación entre las policías nacionales. Se encargaría, por fin, de la inmigración irregular y de establecer una política común de asilo.

El Tratado incorporó los organismos existentes, aunque creó otros, como el Comité de las Regiones, puesto en marcha 1994, con un carácter consultivo, con el fin de dar voz a los representantes regionales y locales. No debemos olvidar que gran parte de la legislación aprobada en la Unión Europea debe ser aplicada en regiones o comunidades autónomas y en localidades, por lo que parecía lógico dar voz a estas entidades. Pero, además, los líderes europeos fueron conscientes que ante el creciente desapego de los ciudadanos hacia Europa había que plantear canales más cercanos a los mismos.

También se creó el Banco Central Europeo (BCE) y el Sistema Europeo de Bancos Centrales (SEBC). El BCE, puesto en marcha en 1998, pasaría a regir el Eurosistema, es decir, la autoridad monetaria de la Eurozona, compuesta por los países que emplean el euro. Hubo que crear la Eurozona porque no todos los miembros de la Unión Europea se incorporaron a la moneda única, ya que, en principio debía ser el SEBC el que debía encargarse de la política monetaria, pero no puede hacerlo porque este incluye a Bancos Centrales de Estados sin euro. Así pues, el euro es la moneda única y oficial de la Eurozona, es decir, de veinte países de los veintisiete que forman la Unión Europea. El nombre de euro fue adoptado en Madrid en diciembre de 1995. Como moneda de cuenta se introdujo en los mercados financieros mundiales el primero de enero de 1999, remplazando al ecu. Las monedas y billetes entraron en circulación el primero de enero de 2002 en doce países, que en ese momento adoptaron el euro, además de otros pequeños Estados que tienen acuerdos con la Unión Europea.

Por fin, en 1994 comenzaría a funcionar el Fondo Europeo de Inversiones, ofreciendo garantías a las pequeñas y medianas empresas. Su principal accionista es el Banco Europeo de Inversiones. Este fundamental y nuevo entramado económico se unía al ya existente desde el inicio de la CEE.

Otro acuerdo fundamental que se tomó en 1992 fue el procedimiento de codecisión, ampliado en 1999. Por el Tratado de Lisboa pasó a denominarse procedimiento legislativo ordinario. La codecisión se refiere a qué instituciones tienen poder legislativo e iniciativa legislativa, y como se organizan.

El Tratado de Ámsterdam de 1997

El 2 de octubre de 1997 se firmaba en la capital de los Países Bajos un nuevo Tratado, de mucho calado, y que entraría en vigor el 1 de mayo de 1999.

El nuevo Tratado planteaba, como ya hemos anunciado, cuestiones importantes. En primer lugar, por el mismo se ampliaban las competencias, tanto de la Comunidad Europea como de la Unión Europea. En relación con la primera, se consideró muy importante alcanzar un desarrollo equilibrado y sostenible y un elevado nivel de empleo. Para ello se estableció un mecanismo de coordinación de las políticas de empleo de los Estados miembros, así como la posibilidad de introducir determinadas medidas comunitarias en este ámbito. Se incorporó al Tratado Constitutivo de la Comunidad el acuerdo sobre política social, con algunas mejoras. Desde entonces, la política comunitaria se tendría que aplicar a importantes ámbitos que hasta ese momento dependían del tercer pilar, que hemos estudiado en el anterior capítulo, tales como el asilo, la inmigración, el cruce de las fronteras exteriores, la lucha contra el fraude, la cooperación aduanera y la cooperación judicial en materia civil, así como a una parte de la cooperación resultante de los Acuerdos de Schengen.

En relación con la Unión Europea, el Tratado reforzó la cooperación intergubernamental en los ámbitos de la cooperación judicial en materia penal y policial, mediante la definición de objetivos y tareas más concretas. Posteriormente, se desarrollaron los instrumentos de la política exterior y de seguridad común, en particular mediante la creación de un nuevo instrumento, es decir, la estrategia común, y de un nuevo cargo, el responsable de la PESC, así como, de una nueva estructura, la Unidad de Planificación de Políticas y de Alerta Rápida. En 1999 sería elegido el primer Alto Representante de la Unión para Asuntos Exteriores y Política Exterior, en la figura del alemán Jürgen Trumpf, sucedido, a los pocos meses, por Javier Solana.

El tercer aspecto fundamental del Tratado tenía que ver con el fortalecimiento del Parlamento Europeo en relación con sus competencias legislativas, las de control y la elección y estatuto de los mismos.

En relación con las competencias legislativas, y siguiendo el procedimiento de codecisión, el Parlamento Europeo y el Consejo se convirtieron en colegisladores prácticamente en pie de igualdad, algo completamente nuevo.

Por su parte, el Parlamento ya tenía la facultad sobre el voto de aprobación al que se sometía de forma colegiada la Comisión cuando se formaba, pero ahora, se le otorgaba para el caso del presidente de la misma. Se uniformizó el procedimiento de elección de los diputados, pero, sobre todo, se planteó una base jurídica con el fin de adoptar un estatuto único para los mismos.

Otro de los aspectos del Tratado tendría que ver con un concepto denominado de "cooperación reforzada", es decir, la posibilidad de que un grupo de Estados pudieran recurrir, en determinadas situaciones, a las instituciones comunes para organizar dicha cooperación reforzada entre ellos, aunque esta cuestión ya existía para la unión económica y monetaria, la creación de un espacio de libertad, justicia y seguridad y lo relativo al Espacio Schengen.

Además, el Tratado de Ámsterdam ejerció una labor de simplificación normativa al suprimir de los Tratados europeos aquellas normas o disposiciones caducadas u obsoletas. Además, se aplicó el principio de subsidiariedad, y se mejoró la transparencia en relación con el acceso a los documentos y trabajos.

El último gran aspecto que tocó el Tratado tiene que ver con un conjunto de reformas institucionales en previsión de las ampliaciones de la Unión Europea. En este sentido, se fijó el número máximo de diputados del Parlamento en setecientos, y se aprobaron cambios en la Comisión y sobre la ponderación de votos.

El Tratado de Niza y el fracaso de la Constitución Europea

Ya con el nuevo siglo se firmó un nuevo Tratado, el de Niza el día 26 de febrero de 2001, que reformaba la estructura institucional de la Unión Europea. Fue elaborado por el Consejo Europeo entre los días 7 y 9 de diciembre de 2000, y entró en vigor el 1 de febrero de 2003.

La idea primera era aprobar un Tratado de reforma institucional para poder articular y afrontar la ampliación de la Unión Europea, porque eso afectaba al tamaño de la Comisión Europea (CE), la cuestión de la ponderación de los votos en el Consejo, así como el de la mayoría cualificada.

Alemania quería tener más peso en las cuestiones del voto dado su peso demográfico, pero Francia se negó, abogando por el mantenimiento de la tradicional paridad entre ambos países, que, como es sabido, habían sido hasta entonces el eje fundamental. Otra propuesta defendía el concepto de la "doble mayoría" de Estados miembros y población para reemplazar el principio de la mayoría cualificada, pero Francia también se negó. Por fin, había un tercer problema, derivado de la situación de Austria en relación a la participación de la extrema derecha de Haider en el Gobierno, lo que hizo reflexionar sobre la cuestión de que había que evitar que nuevos miembros pudieran desestabilizar la Unión, planteando la necesidad de aprobar normas para la aplicación de sanciones.

Otro asunto tuvo que ver con la necesidad de incluir en el Tratado la Carta de los Derechos Fundamentales de la Unión Europea, pero el Reino Unido se negó, quedando pendiente para la Conferencia intergubernamental de 2004.

Tanto la Comisión como el Parlamento manifestaron su decepción porque el Tratado de Niza no había abordado reformas institucionales planteadas por ambas instituciones, ni porque no se había nombrado un fiscal europeo. El Parlamento llegó a amenazar con no aprobar el Tratado de Niza, aunque no existe la posibilidad del veto. Al final, el Parlamento aprobó el Tratado.

Alemania consiguió parte de lo que deseaba. Es verdad que tanto Francia como Alemania seguirían manteniendo el mismo número de votos, es decir, 29, en las votaciones del Consejo de Ministros de la Unión Europea, pero solamente Alemania podría bloquear una decisión con el apoyo de otros dos países. Por su parte, España tendría 27 votos, es decir, dos menos que Alemania, Francia, Italia y Reino Unido.

En relación con el Parlamento, se aumentó a 732 el número máximo de diputados, es decir, se superó lo aprobado en Ámsterdam. Se aprobó la reducción de la Comisión para cuando la Unión Europea tuviera 27 miembros, pero no se especificó cómo llevarla a cabo.

El Consejo Europeo, que se celebró en Laeken en diciembre de 2001 definió el contenido del debate sobre el futuro de Europa. Se aprobaron cuatro grandes temas: un mejor reparto y definición de las competencias, la simplificación de los instrumentos, más democracia, transparencia y eficiencia en la Unión junto con un aumento de la legitimidad democrática y de la transparencia de las instituciones en sí, el papel de los parlamentos nacionales junto con el proceso de decisión y funcionamiento de las instituciones de una Europa ampliada, y, por fin, el tema relativo sobre una Constitución para los ciudadanos con una simplificación y reorganización de los Tratados, inclusión de una Carta de los Derechos Fundamentales.

La Convención sobre el futuro de Europa, establecida en 2002, terminó sus trabajos el 18 de julio de 2003, siendo presidida por Giscard d'Estaing, y formada por parlamentarios europeos y nacionales y miembros de la Comisión europea.

La Convención tendría como misión presentar propuestas para la reforma institucional, pero fue más allá al presentar un proyecto de Constitución, equivalente a una versión simplificada de los Tratados.

Pues bien, el proyecto se presentó, y en Salónica, en junio de 2003 se aprobó que debía ser firmado en breve plazo antes de la adhesión de los nuevos diez miembros, que debía tener lugar el primero de mayo de 2004. Pero la Cumbre de Bruselas de diciembre constató el fracaso de las negociaciones sobre la Constitución Europea por la cuestión del sistema de votación, pero, en realidad, el problema tenía que ver con un asunto de mayor calado internacional, ya que Polonia y España, gobernada por Aznar, estaban apoyando la invasión de Irak frente al criterio europeo mayoritario contrario. La victoria electoral de Rodríguez Zapatero pareció allanar el camino, por lo que en junio de 2004 se llegó a un acuerdo. El 29 de octubre los jefes de Estado y Gobierno firmaron el Tratado de Roma. Pero, en realidad, nunca fue ratificado porque lo rechazaron los votantes franceses en referéndum.

También fue negativa la consulta en los Países Bajos. En consecuencia, Alemania propuso la celebración de una Conferencia intergubernamental para junio del año 2007 con el fin de elaborar un nuevo Tratado que reformara la Unión Europea. Antes, el 25 de marzo de ese año de 2007 en la conmemoración del 50 aniversario de los Tratados de Roma se firmó la "Declaración de Berlín". La misma pretendía remarcar la importancia de dichos Tratados.

El Tratado de Lisboa de 2007

El 13 de diciembre de 2007, en la capital portuguesa, se firmó el conocido como Tratado de Lisboa, que modificaría el de Maastricht de 1993 y el de Roma de 1957, o Tratado Constitutivo de la Comunidad Europea.

La presidencia de Alemania pretendía recoger en el borrador que propuso la esencia de la Constitución no ratificada, pero se decidió en las discusiones no aludir a una especie de tratado constitucional, sino proponer la firma de un tratado convencional o clásico, como los aprobados anteriormente. La siguiente presidencia, la portuguesa convocó una Conferencia intergubernamental para los días 23 y 24 de julio. El Tratado fue presentado el 18 de octubre en Lisboa en la reunión del Consejo, y se firmó, como hemos indicado en diciembre. La ratificación del mismo costó porque un primer referéndum en Irlanda no lo aprobó, provocando una nueva convocatoria donde sí se alcanzó la mayoría favorable.

El Tratado de Lisboa tiene la particularidad de no ser un texto autónomo, sino que es un conjunto articulado de enmiendas de los Tratados anteriores. Así se modifica el nombre del Tratado Constitutivo de 1957, por el de Tratado de Funcionamiento de la Unión Europea. Por su parte, el Tratado de la Unión Europea pasaría a incluir la Carta de los Derechos Fundamentales de la UE. En conclusión, la base jurídica de la Unión Europea quedaría constituida por los dos anteriores Tratados más la Carta.

Las principales modificaciones que establecía el Tratado de Lisboa serían las siguientes:

- El Banco Central Europeo se convertiría de pleno derecho en una institución de la Unión Europea. El Consejo Europeo sería la institución que nombraría a su presidencia por mayoría cualificada.

- En el ámbito judicial, el Tratado cambió la denominación del Tribunal de Justicia de las Comunidades Europeas por el de Tribunal de Justicia de la Unión Europea (TJUE), incluyendo otros tribunales existentes. Se amplió su jurisdicción, aunque el Tribunal seguiría sin tratar asuntos relativos a la política exterior.

- Reformas en el Consejo de la Unión Europea, es decir, el de los ministros de departamentos específicos. En principio, pasaría a denominarse nada más que Consejo. Después, se ampliaron las materias cuyas aprobaciones necesitarían la mayoría cualificada, además de otros cambios en las formas de votar.

- En relación con el Consejo de jefes de Gobierno y Estado se optó por separarlo institucionalmente del Consejo de Ministros. Se creó la figura del presidente del Consejo Europeo, nombrado por un periodo de dos años, con posibilidad de una renovación, y elegido por mayoría cualificada, pero que no debe confundirse con el presidente de la Comisión.

- Sobre el Parlamento se aumentó su poder, al incrementarse los asuntos que necesitarían el procedimiento de codecisión con la Comisión. También adquiría más competencias en relación con los asuntos presupuestarios, y, por fin, se redujo ligeramente el número máximo de diputados de cada Estado miembro, así como se aumentó el mínimo. Debemos recordar que los legisladores en la Unión Europea son el Consejo de la UE y el Parlamento, teniendo la Comisión la iniciativa legal. El Tratado de Lisboa reguló el procedimiento legislativo ordinario. Por su parte, los Parlamentos nacionales aumentarían su intervención en los asuntos europeos.

- La Comisión de las Comunidades Europeas pasaría a denominarse Comisión de la Unión Europea, y su composición debía reducirse a partir de 2014, pero eso generaría un problema, porque vulneraría el principio de que, al menos, cada Estado debía tener un comisario. Al final, en 2008 se optó por respetar este principio. Por fin, el Alto Representante de la Unión para Asuntos Exteriores y Política de Seguridad pasaría a ser, por su cargo, un vicepresidente de la Comisión. También se trataron algunas reformas en relación con la política exterior y del Alto Representante.

- Se determinó una especie de tipología de competencias entre la Unión Europea. Habría competencias exclusivas de la Unión Europea, sobre las que podría legislar y adoptar actos vinculantes. También habría competencias compartidas entre la Unión y los Estados y, por fin, competencias de apoyo, por las que la Unión podría llevar a cabo acciones con el fin de apoyar, coordinar o complementar la acción de los Estados.

- Personalidad jurídica. Con anterioridad solamente el pilar de la Comunidades Europeas tenía personalidad jurídica. Ahora, los tres pilares, por el Tratado de Lisboa, se refundían en una sola personalidad jurídica.

- Ampliaciones y secesiones. El Tratado de Lisboa regularía estas cuestiones.

- Procedimiento de revisión. También se recogían los procedimientos de revisión de los Tratados.

La Carta de los Derechos Fundamentales de la Unión Europea

La Carta fue proclamada por vez primera en diciembre de 2000 en Niza, pero fue revisada en diciembre de 2007, que la hizo vinculante. Sería uno de los cuatro Tratados constitutivos de la Unión Europea. La Carta, en principio, debía haberse incluido en la Constitución europea que no se aprobó. La Carta sería una suerte de moderna Declaración de Derechos sobre la dignidad, las libertades, la igualdad, la solidaridad, la justicia y la ciudadanía europea. Tenemos que tener en cuenta que ya existen la Convención Europea de Derechos Humanos, firmada en Roma en 1950, y adoptada por el Consejo de Europa, así como, la Carta Social Europea del año 1961, también en el seno del Consejo de Europa, la Carta Comunitaria de los Derechos Sociales Fundamentales de los Trabajadores, y, por supuesto, las declaraciones de derechos en las Constituciones europeas, sin olvidar la Declaración Universal de los Derechos Humanos.

En el preámbulo de la Carta se explica que Europa se identifica con una unión que se basa en un conjunto de valores comunes, indivisibles y universales, los cuales deben ser protegidos.

El primer título se refiere a la dignidad humana, el derecho a la vida, el derecho a la integridad de la persona, la prohibición de la tortura y las penas o tratos violentos o degradantes, así como de la pena de muerte. También se prohíbe la esclavitud, la eugenesia, la clonación humana y el trabajo forzado.

El conjunto de libertades se recoge en el título segundo. Dada la importancia de la cuestión es la parte más extensa de la Carta. Se reconocen el derecho a la libertad y a la seguridad, el respeto de la vida familiar y privada, a la protección de datos de carácter personal, el derecho a contraer matrimonio (no se hace referencia al sexo de los contrayentes) y a fundar una familia, la libertad de pensamiento, de conciencia y de religión, la libertad de expresión y de información, la libertad de reunión y de asociación, la libertad de las artes y de las ciencias y de la libertad de cátedra, el derecho a la educación, la libertad profesional y el derecho a trabajar, la libertad de empresa, el derecho a la propiedad, el derecho de asilo y por último, la protección en caso de devolución, expulsión y extradición.

El título tercero se refiere a la igualdad en todas sus acepciones: la igualdad ante la ley, la no discriminación también sobre discapacidad y orientación sexual, la diversidad cultural, religiosa y lingüística, la igualdad entre hombres y mujeres, los derechos del menor, y los derechos de las personas mayores y la integración de las personas discapacitadas. Es importante destacar en este capítulo que la nacionalidad no podría ser motivo de discriminación.

En el título cuarto se trata de la solidaridad aplicada al mundo laboral y al ámbito del bienestar social y sobre el medioambiente. Se reconocen, por lo tanto: el derecho a la información y a la consulta de los trabajadores en la empresa, el derecho a la negociación colectiva, el derecho de acceso a los servicios de colocación, la protección en caso de despido laboral, el establecimiento de condiciones de trabajo justas y equitativas, la prohibición del trabajo infantil y la protección de los jóvenes en el trabajo, la seguridad social y ayuda social, la protección de la salud, el acceso a los servicios de interés económico general, la protección del medio ambiente y la protección de los consumidores.

Los asuntos relacionados con la ciudadanía se tratarían en el capítulo quinto: el derecho a ser elector y elegible en las elecciones al Parlamento Europeo, el derecho a ser elector y elegible en las elecciones municipales, el derecho a contar con una buena administración, el derecho de acceso a los documentos, el derecho a contar con la figura de Defensor del Pueblo, el derecho de petición, la libertad de circulación y de residencia, y finalmente, el derecho a la protección diplomática y consular.

El título siguiente se referiría a la justicia. Los ciudadanos tienen derecho a la tutela judicial efectiva, a contar con un juez imparcial y se proclama la presunción de inocencia, sin olvidar el derecho a la defensa, el imperio de los principios de legalidad y la proporcionalidad entre los delitos y las penas.

La integración de España

Terminamos nuestro libro con un capítulo dedicado a la Historia del proceso de integración de España en la CEE desde los inicios en plena dictadura franquista, en el marco de la época del desarrollismo, para luego plantear los puntos fundamentales del complejo proceso que veinte años después a la muerte de Franco permitiría a España, por fin, ingresar de pleno derecho en Europa.

España en relación con la CEE durante el franquismo

El ministro de Asuntos Exteriores, Fernando María Castiella, al formarse las Comunidades Económicas Europeas, aconsejó que España adoptara una posición expectante sin formular ninguna opinión o política oficial a la espera de lo que fuera sucediendo. Al comenzar el año 1960 se barajaron varias posibilidades: solicitar la entrada en la E.F.T.A., hacer lo mismo en relación con las Comunidades Económicas Europeas, y, por fin, no tomar ninguna iniciativa. En todo caso, se abrió una oficina diplomática ante la CEE para poder reunir información sobre lo que estaba ocurriendo con el fin de tomar una decisión. El evidente éxito de lo que se estaba produciendo en el corazón de Europa, la necesidad de profundizar en los cambios económicos que se estaban dando en España desde del Plan de Estabilización de 1959, y el peligro de que se profundizase el aislamiento, tan nocivo para el desarrollo económico, superada ya la política autárquica, hicieron que se tomara la decisión de acercarse a la CEE. España había conseguido ya ingresar en el FMI y el Banco Mundial en 1958 y en la OECE, al año siguiente.

En el otoño de 1961 se pensó en la asociación con la CEE porque, a pesar de los cambios económicos españoles se estaba muy lejos de la situación que tenían los seis miembros del Mercado Común, sin olvidar que en Madrid se era consciente de que el mismo exigiría para ingresar unos requisitos políticos que el franquismo ni se planteaba por asomo.

El 9 de febrero de 1962, el ministro Castiella remitió una carta a Maurice Couve de Murville, a la sazón presidente del Consejo, solicitando no el ingreso en la CEE sino la adopción de un estatus de país asociado, planteando la posibilidad de ingreso en el futuro cuando las condiciones económicas españolas lo permitiesen, pero, como vemos, sin aludir al gran obstáculo que impediría el ingreso, es decir, la falta de libertades y de un régimen democrático en España. Castiella apelaba a la condición europea de España. Por otro lado, el ministro había conseguido, a finales de los años cincuenta, mejorar las relaciones diplomáticas con franceses y alemanes, aunque en el caso británico hubo más problemas dado el contencioso de Gibraltar.

La CEE no aceptó la propuesta española a través de un mero acuse de recibo de la petición, a primeros del mes de marzo. En este sentido, fue importante el conocido como "Informe Birkelbach", elaborado por el eurodiputado socialdemócrata alemán, Willi Birkelbach, sobre los aspectos políticos e institucionales de la adhesión o asociación a la Comunidad, que se dio a conocer el 15 de enero de 1962, y donde se exigía como requisito imprescindible para que un Estado pudiera ingresar en la CEE el que disfrutara de un régimen político democrático, aunque no impedía que se pudieran tener relaciones de otro tipo con Estados no democráticos.

En mayo se dio el denominado "Memorando de Saragat", que habían redactado los italianos en el Consejo, y en el que se especificaba que no se podía permitir una asociación si el país solicitante no contaba con un régimen político cuyos fundamentos fueran los mismos que los de los países fundadores. Evidentemente, España no cumplía este requisito.

Debemos tener en cuenta que la reacción franquista a la reunión del Congreso de Múnich, con una nutrida representación de políticos españoles contrarios al franquismo y de distintas sensibilidades políticas, en junio de ese mismo año, tachándolo como el "Contubernio de Múnich" no facilitó, ni mucho menos, que la CEE estimase la asociación con España.

Posteriormente, el Parlamento Europeo explicitó en 1964 que los Estados que careciesen de legitimidad democrática y cuyos pueblos no participaran en las decisiones del gobierno, ni directa ni por medio de representantes elegidos libremente, no podían ser admitidos en la Comunidad.

El 14 de febrero de ese mismo año, el embajador español ante la CEE, Carlos de Miranda y Quartin, recordó la carta anterior y solicitó el inicio de conversaciones. El Consejo autorizó a la Comisión en el mes de julio a emprender conversaciones exploratorias, que se iniciaron en noviembre. Justo dos años después, la Comisión sacó un informe de dichas conversaciones en el que se aconsejaba para integrar la economía española en la comunitaria la puesta en marcha de un proceso aduanero en dos etapas, pero el Consejo no lo aceptó, aunque ordenó la apertura de negociaciones en el mes de julio de 1967.

Las negociaciones entre España y la CEE fueron muy complejas durante la segunda mitad de la década de los años sesenta. España tenía un evidente interés económico, pero las autoridades franquistas no estaban dispuestas a emprender reformas políticas de ningún tipo. Por parte europea la asociación de España era, realmente, un tema secundario porque en esta cuestión eran más importantes las negociaciones con los británicos que, además, no fueron nada fáciles. Por otro lado, aunque el requisito democrático era innegociable, las posturas de los distintos miembros planteaban algunas diferencias. Los belgas y los italianos eran radicalmente contrarios a la asociación con la España franquista, mientras que Alemania y Francia eran más partidarias de la asociación. Los Países Bajos y Luxemburgo no tenían una postura claramente definida. Por fin, es innegable que la izquierda política europea se empeñó en exigir que no se mantuvieran negociaciones con un régimen que no respetaba los derechos humanos. Los socialistas europeos tenían una evidente influencia en las instituciones europeas y en sus respectivos países, gobernando en algunos momentos en los mismos. Hubo que esperar a 1970 para que se avanzara en el acercamiento de España a la CEE. En junio de ese año el ministro de Exteriores, Gregorio López Bravo, y el presidente del Consejo de Ministros de la CEE firmaron el Acuerdo Económico Preferencial entre España y la CEE. España pasaba a ser un país asociado a la CEE con trato preferencial en materia comercial. La CEE rebajó sustancialmente los aranceles sobre los productos españoles. Además, se facilitaba enormemente la entrada de productos españoles en la CEE. En el año 1973 se amplió. En realidad, este Acuerdo permitió romper, en cierta medida, el aislamiento con Europa. El verdadero artífice del mismo fue Alberto Ullastres, el representante español ante el Mercado Común. En 1964 había sido nombrado embajador de España ante las Comunidades Económicas Europeas, responsabilidad en la que estuvo hasta el año 1976.

La CEE reaccionó a los últimos fusilamientos del franquismo en septiembre de 1976 con la suspensión de las negociaciones para la renegociación del Acuerdo, aunque fuera de forma temporal. En todo caso, los Nueve no adoptaron una política contundente en los últimos momentos de la dictadura, generando algunos debates en el Parlamento europeo por la falta de una política clara.

La solicitud de adhesión y las negociaciones de los Gobiernos de UCD

El 26 de julio de 1977 el Gobierno de Adolfo Suárez formuló la solicitud española para adherirse a la CEE. La Comisión tomó la decisión de iniciar las negociaciones para la misma el 29 de noviembre de 1978, que comenzaron en febrero de 1979. Europa estaba apostando por la consolidación democrática en el sur del continente, es decir, en Grecia, Portugal y España, pero no podía ser un proceso fácil porque los tres países tenían una situación económica bastante alejada de la que disfrutaban los Nueve.

España comenzó a realizar sus deberes previos para ser homologada en el plano internacional como un Estado democrático respetuoso con los derechos humanos. Así entre 1977 y 1980 ratificó los Pactos Internacionales de Derechos Civiles y de Derechos Económicos y Culturales de las Naciones Unidas. Además, ingresó en el Consejo de Europa, y en su seno firmó la Convenio Europeo para la Protección de los Derechos Humanos y las Libertades Fundamentales. También firmaría la Carta Social Europea, y reconoció las competencias de la Comisión Europea de Derechos Humanos para tramitar demandas de particulares.

El clima político en España era propicio para el ingreso en la CEE porque era el único tema de política exterior en el que había casi un consenso absoluto, algo que no ocurría, por ejemplo, con la cuestión de la OTAN.

Como hemos indicado, el 5 de febrero 1979 comenzaron las negociones con la presencia de Leopoldo Calvo-Sotelo, ministro para las Relaciones con las Comunidades Europeas, y Marcelino Oreja, ministro de Asuntos Exteriores, así como con Jean Fraçois-Poncet, el político francés, en ese momento presidente del Consejo. Las negociaciones no fueron fáciles, especialmente, por las cuestiones agrarias porque la producción española de productos como el vino, las frutas y las legumbres aumentarían los excedentes de la Comunidad, y suponían una evidente competencia de los otros dos grandes productores, Francia e Italia.

En septiembre de 1980 fue nombrado un nuevo ministro para las relaciones con la CEE, Eduardo Punset, cuando Calvo-Sotelo accedió a la vicepresidencia económica del Gobierno. En todo caso, en enero de 1981 este departamento desapareció, y sus competencias pasaron a Exteriores, que tuvo que crear una Secretaría de Estado monográfica, ocupada por Raimundo Bassols, responsabilidad que mantuvo hasta 1982. Las negociaciones siguieron, pero también es cierto que condicionadas a la resolución de los problemas internos de la CEE y sus reformas. El golpe de Estado de febrero de 1981 provocaría que el Parlamento Europeo solicitara en el mes de marzo que se aceleraran las negociaciones para apoyar la consolidación democrática española.

Con la llegada de Calvo-Sotelo a la presidencia del Gobierno se optó por dar prioridad al ingreso en la OTAN, generando un intensísimo en España con una izquierda contraria a dicho ingreso. La Guerra de las Malvinas no supuso, además, un factor que ayudara a imprimir un mayor ritmo negociador porque los Diez (ya había ingresado Grecia) se pusieron del lado británico frente a la postura española más indefinida. En el verano de 1981 las negociaciones decayeron por la exigencia francesa de que España aceptara claramente el compromiso de que debía introducir en su sistema fiscal el IVA en el mismo momento del ingreso, o hasta antes. En contraposición, el Parlamento Europeo en ese otoño afirmó que la adhesión de Portugal y España debía ser un acto político importante y, en consecuencia, no se podía dilatar mucho más. A lo sumo debían entrar en la CEE el primero de enero de 1984.

Las negociaciones de los Gobiernos socialistas

Con la llegada de los socialistas al poder las negociaciones fueron impulsadas por Felipe González, siendo los protagonistas de las mismas, el ministro de Exteriores, Fernando Morán y, sobre todo, Manuel Marín, que se encargó directamente de las relaciones con la CEE. La llegada previa al poder de Mitterrand al poder facilitó la sintonía política.

El Banco Europeo de Inversiones había comenzado en 1981 a otorgar importantes préstamos a España para facilitar la adaptación de sus estructuras económicas con vistas a la adhesión. La idea de ingresar en 1984 se fue posponiendo porque, a pesar de la sintonía política con París, los agricultores franceses presionaban para revisar la PAC por la potencia de los productos agrícolas españoles. Por otro lado, en estos años se produjo la intensa y dura reconversión industrial de los sectores siderúrgico, naval y de industrias de bienes de equipo.

En la reunión de Stuttgart de junio de 1983 se planteó el relanzamiento de las reformas internas de la CEE, que se vinculaban al ingreso de Portugal y España. Además, Helmut Kohl consiguió el compromiso de Felipe González en relación con la defensa occidental, iniciándose el cambio de actitud socialista ante la OTAN. Así pues, el ingreso de España en la CEE se vinculaba al mantenimiento de su permanencia en la OTAN.

Las negociaciones terminaron oficialmente el 29 de marzo de 1985 bajo la presidencia italiana, ostentada por Giulio Andreotti, aunque quedarían algunas cuestiones pendientes, los conocidos como "flecos", y que pudieron cerrarse a primeros de junio de ese año.

El Acta de Adhesión de España a las Comunidades Europeas

La firma del Acta de Adhesión tuvo lugar en Madrid el día 12 de junio de 1985 en un acto solemne en el Salón de Columnas del Palacio Real. Unos días después se reuniría el Consejo en Milán para iniciar la reforma de la CEE, y que daría lugar al Acta Única, de febrero de 1986.

A raíz del ingreso de España, y también de Portugal, hubo que hacer cambios institucionales. España era el quinto país más poblado de la nueva Comunidad, obteniendo ocho votos en el Consejo, frente a los diez de los más poblados. La mayoría cualificada quedó establecida en 54 votos.

España contaría con dos comisarios en la Comisión de los diecisiete totales. Manuel Marín y Abel Matutes fueron los dos primeros comisarios españoles.

En el Parlamento se asignó a España 60 escaños de 518 totales. Mientras no se celebraran elecciones (las siguientes fueron en junio de 1987) España estaría representada por sesenta delegados elegidos por los diputados y senadores en la proporción política parlamentaria española de aquella legislatura. Por fin, también hubo que hacer reformas en otras instituciones comunitarias.

El impacto del ingreso en la CEE en los primeros años fue evidente para España, con un enorme crecimiento del PIB, así como de la renta per cápita. Importante fue la inversión industrial, aunque las producciones ganaderas del norte sufrieron por el impacto de la competencia. En materia pesquera, aunque, en principio de recuperó la producción, la tendencia descendente, ya previa al ingreso, se mantuvo. España tenía que cumplir una serie de limitaciones y controles. En materia comercial el déficit aumentó porque España pasó a comprar mucho más de lo que vendía. En cuestiones de empleo se redujo el paro, en cierta medida, pero no de forma contundente. A un plazo mayor es evidente que el ingreso ha sido uno de los factores más evidentes del salto económico que ha dado España, con especial mención en los intensos cambios en infraestructuras, pero sin olvidar su importancia en el ámbito político que ha ido adquiriendo, sin parangón alguno en relación con cualquiera de las etapas anteriores de la época contemporánea. El viejo aislamiento de la época franquista se trastocó en unas décadas en un evidente protagonismo de España en Europa y en el mundo. La vocación europeísta tiene en España, a pesar de la crisis que actualmente padece este sentimiento, uno de los lugares con más arraigo en el continente.

Para muchos españoles el ingreso en la CEE, luego transformada en Unión Europea, coronó con éxito el viejo anhelo de vincular el progreso y el triunfo de las libertades con la plena incorporación de España a su continente.

Bibliografía

Aldecoa, Francisco. *La integración europea: análisis histórico-institucional con textos y documentos,* Tecnos, Madrid, 2002.

Benavides Salas, Pablo. *Europa entre bastidores: perfiles y vivencias,* Dossoles, Burgos, 2007.

Benedicto Solsona, Miguel Ángel; Angoso García, Ricardo. *Europa a debate: veinte años después (1986-2006),* Plaza y Valdés, Madrid, 2006.

Carpentier, Jean, dir; Lebrun, François (dirs.). *Breve Historia de Europa,* Alianza, Madrid, 2004.

Crespo MacLennan, Julio. *Forjadores de Europa: grandes europeístas y euroescépticos del siglo XX,* Destino, Barcelona, 2009.

Cuenca García, Eduardo, et al.; Calvo Hornero, Antonia (coord.). *La ampliación de la Unión Europea,* Thomson, Madrid, 2006.

Duroselle, Jean-Baptiste. *Historia de los europeos,* Aguilar, Madrid, 1990.

Judt, Tony. *Postguerra. Una historia de Europa desde 1945,* Taurus, Madrid, 2005.

Mariscal, Nicolás. *Teorías políticas de la integración europea,* Tecnos, Madrid, 2003.

Pérez Bustamante, Rogelio. *Cronología de la Unión Europea: 1914-2004,* Centro de Estudios Ramón Areces, Madrid, 2004.

Rougemount, Denis de. *Tres milenios de Europa: la conciencia europea a través de los textos: de Hesíodo a nuestro tiempo,* Veintisiete Letras, Madrid, 2007.

Schuman, Robert. *Por Europa,* Encuentro, Madrid, 2006.

Semprún, Jorge; de Villepin, Dominique. *El hombre europeo,* Espasa, Madrid, 2006.

Senante Berendes, Heidi Cristina. *España ante la integración europea: el primer acercamiento,* Institució Alfons el Magnànim, Valencia, 2006.

Tamames Gómez, Ramón; López Fernández, Mónica. *La Unión Europea,* Alianza, Madrid, 2002.

Verhofstadt, Guy. *Los Estados Unidos de Europa: manifiesto por una nueva Europa,* Universidad de Santiago de Compostela, 2006.

EDITATUM

Libros para crecer

www.editatum.com

Participa en el **Club GuíaBurros** para estar informado de las últimas novedades editoriales y disfrutar de las ventajas, promociones y condiciones especiales de los socios de nuestro club.

Puedes encontrar toda la información en:

www.guiaburros.es
www.editatum.com

Puedes seguirnos también en Youtube y en nuestras redes sociales:

facebook.com/guiaburros

www.youtube.com/c/GuiaBurros

@ guia_burros

@guiaburros

Otros libros del autor publicados por la editorial Editatum:

LAS CONSTITUCIONES EN ESPAÑA
Desde la "Pepa" hasta la Constitución de 1978

Uno de los grandes avances que distintos países occidentales implementaron en su proceso de desarrollo social fue el de la redacción y aplicación de un texto jurídico y político destinado a convertirse en la ley máxima de un Estado. Estos textos forjaron lo que hoy es la separación de poderes y, su carácter constitutivo, formó la base misma de la democracia.

España no estuvo al margen de estos movimientos sociales y fue en 1812 cuando vio la luz la Constitución de Cádiz conocida como la "Pepa". Desde entonces España ha conocido varias constituciones que esta obra analiza mostrando con ello el proceso político, jurídico y social que España ha recorrido hasta llegar hasta la actual Constitución de 1978.

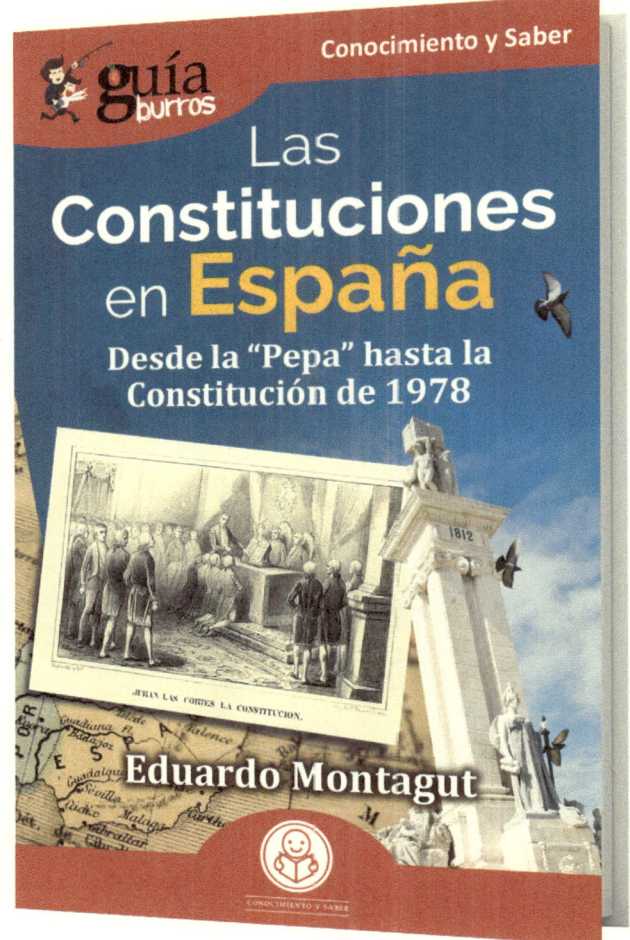

Conocimiento y Saber

GuíaBurros

Las Constituciones en España

Desde la "Pepa" hasta la Constitución de 1978

1812

JURAN LAS CORTES LA CONSTITUCION.

Eduardo Montagut

CONOCIMIENTO Y SABER

LA ORGANIZACIÓN TERRITORIAL EN ESPAÑA
El origen de las Autonomías

Este libro aborda una cuestión fundamental en la Historia española: su organización territorial, tema de permanente actualidad y motivo de debate ante distintas formas de entender España.

Sus páginas recorren desde el modelo de Monarquía de los Reyes Católicos y los Austrias hasta la Segunda República, dedicando especial atención a las reformas de los Borbones que constituyeron un Estado centralizado cuestionado por la alternativa fallida del federalismo durante la Primera República.

Pero el principal desafío vendría con el surgimiento de los nacionalismos. Esta situación generaría uno de los focos de tensión más destacados de la crisis del Estado liberal y sería una de las causas del enfrentamiento que desembocaría en la Guerra Civil.

La organización territorial de Espańa

El origen de las Autonomías

Eduardo Montagut